用快樂投資人生

32則讓你從困境中學習，
從感動中激發能量的人生智慧

林富元——著

Contents

Lesson 2

「超快樂」帶你突破逆境

Lesson 3

我們常是自己最大的障礙

Lesson 4

做自己最好的超快樂大師

Lesson 5

「超快樂生活大師」五大進階

Lesson 6

「超快樂」無處不在

Lesson 7

「超快樂」就是珍惜與慶賀每一分鐘

推薦序

平凡之中的光芒

光寶集團董事長　宋恭源

矽谷老友富元兄新書的第二章，從一道山邊的曙光講起。在一個陰暗的早晨，他一個人在灰暗中開車過了空曠的山頭，正在不知前頭什麼狀況的時候，轉彎以後就看到了滿山的清晨陽光。剎那間，溫暖的陽光金光閃閃的充滿在車子裡。那個時刻，四野無人，天空裡的新鮮空氣，旁邊美妙的花草樹香，通通由得他盡情觀賞，通通歸他吸收享受，忽然間一切變得萬分美好。我想這是一個很好的隱喻。在我們身邊，到處充滿了我們已經習以為常的美好與價值。有時候我們忘記了，有時候就算記得也視而不見，反而花費好大工夫到各個地方各個遠處去尋找去購買。大部分時間我們尋找得十分辛苦，而且尋找的非常長久，還不一定找得到。找啊找的，找了一輩子。有一天我們發現，原來所有我們最重要的價值，我們最渴求的寶貝，都一直就在我們的身邊。

平凡中布滿光芒

看完富元兄的新書，我得到很好的啟發，就是我們身邊確實有太多平凡之中的光芒，以及豐富地隱藏在平凡表面下的寶貝。只要我們自己不選擇瞎眼，只要我們不迷失自己，其實我們隨時可以輕鬆的藉由心中的曙光看見自己當仁不讓的成功與快樂。對一個人來說，這道曙光或者是伴侶、家人、朋友、孩子，或者是一句話、一封信、一條新聞，或是一樁故事，甚至可以是一場演講、一本書，或自己無意中看見的某個事情。它們全都像雨後山邊的曙光，照亮了我們的路徑，去除了我們心中的陰暗，是我們都需要的鼓舞。

對我這個還在市場上奮鬥的事業人來說，我更感受到無窮地經由周遭的平凡之中放射出來的光芒。它可能來自於一位可愛的員工，為公司做了無私的奉獻，激起了大家的士氣。也可能來自於一位忠誠的客戶，帶來大家的雙贏，更為我們點引了新的生機動力。它更經常是來自於家人的鼓勵，朋友的善意，讓我以及我的同仁感受到「知恩、惜福、感謝」的真諦。感謝這些天天在我身邊的人與事，讓我不斷地有機會朝向我的超快樂進步。

所以我很同意富元兄的看法，平凡之中的光芒，是最珍貴而又最容易找到的。是否得到超快樂，進而長遠處在超快樂的境界，也完全看我們自己如何轉變心態。我尤其對富元兄貫通全書前後引用的許多生活故事感到頗有同感。人的一生，不管是做人或做生意，都不是一件容易的事，所以也只有靠我們努力為自己在一生中不斷創造價值，不斷創造快樂，但是同時我們又必須承受一生中充滿的挑戰與困難。誰都無法避免遇見大大小小的挫折，而我多年來的經驗告訴我一個結論，就是「挫折」其實正是激發我們邁向成功之前的最明亮跡象。

平凡中貴人貴事無數

回想自己從踏入社會至今，工作數十年，篳路藍縷，披荊斬棘，從來沒有容易過。但是今天回過頭來看，就覺得這個過程非常美好。這個美好感覺來自於我一路上遇見過太多的貴人，太多的好友，太多的夥伴，太多在我困難時期出現的曙光與智慧。它們都在關鍵時刻引導我突破困境，邁向快樂光明。曾經有一些年輕人問我，他們什麼資源都沒有，要如何開始？要怎樣突破？他們又說，您現在什麼都有了，一定做什麼都得心應手，輕鬆容易。我常覺得，這是很多人都有的想法：他們看別人，覺得別人好像已經什麼都有了，而自己卻好像始終還是手無寸鐵。他們想像中，別人輕鬆的成功上去了，而自己好像受到什麼不公平的遭遇，所以始終沒有運氣或機會？天底下大概沒有比這個更錯誤的看法了。

我相信天底下每個人都有一些自己獨特的東西，這些獨特的東西就是自己的競爭力與區隔價值。至於個人是否看得到自己的獨特，是否認識自己的特殊價值，就要看他自己的心態與選擇了。選擇怨天尤人，再好的條件也會浪費。選擇知恩惜福感謝，再差的環境也可以培養出大氣象！也就是說，我認為成功與否，快樂與否，都是可以選擇與承諾，然後努力以赴的。

這本書講的是同樣的道理：你可以選擇超快樂。「超快樂」並沒有什麼必要條件，也不需要跨過什麼關卡，而只要從你珍惜自己，珍惜周遭開始就可以了。你如果選擇不快樂，對過去的挫折損失念念不忘，對未來的機會充滿狐疑，那麼除了凡事加倍辛苦以外，可能還會養成憂鬱不樂的習慣。相反的，你如果選擇活在當下，痛快的生活工作，以純真勇氣去面對每一天每件事每個人，超快樂就會自自然然的籠罩在你身上與身邊。

海倫凱勒說過：「當一扇快樂的門被關起的時候，另一扇快樂門就開了。可是我們經常耗費所有的時間和經歷在注視那道被關上的門，就忽略了悄悄為我們而開的另一道新門。」沒有錯，富元兄教我們，生活大師的內容，不在於要敲開每一扇門，也不在於要打贏每一場仗，而是對我們看得到拿得到的每一扇門都給予全心全意的投入，也就是他所說的「最高的價值在敬業中產生。」我再加一句：「最大的快樂在盡力之後得到！」

我建議年輕的朋友多讀讀這本書中許多的心路歷程故事，然後對自己的一切開始練習欣賞珍惜，超快樂就從這裡開始。

最近讀到一篇故事，講一位高中女生，自己罹患了肝癌，長期臥病於床，不能上學，無法活動，但是她並沒有因此就氣餒。在她生病的一年中，她聽說了非洲許多貧窮孩子的故事，比她更慘，她就在病床上發起了「匯集硬幣，救助非洲」的運動。由於她本身的特殊情況加上她鍥而不捨的精神，這一股募款風，就快速的從她的學校蔓延到整個城市，再擴大到整個國家。他們光憑高中生自發的行動，不靠外力協助，一個信封一個信封的收集硬幣，在一年之內就募到將近百萬美金。這位躺在病床上的女孩子，自己說她是天下最快樂的人；因為她雖然有很多事不能做，但是她還是可以選擇其他願意投入的事情，來無怨無悔的奉獻。

散發光芒，傳達溫暖，讓平凡中的光芒淋漓盡致的發揮，超快樂，莫過於此。

感謝富元兄這本好書！

推薦序

人間之樂，樂在其中

聯發科技董事長　蔡明介

矽谷好友，全球玉山科技協會的總會長林富元兄寄來他的新書，請我為他寫序。我前幾天一口氣讀完了這本書，感覺十分受用，的確得到啟發與激勵。身為一位終身為企業奉獻的事業家，我每天像作戰般的長時間工作，希望不斷的為公司、員工、客戶，及社會創造最高的價值。為了取得忙碌工作中的身心平衡，我一直很喜歡閱讀及學習新知。除了經營管理的重要著作與學說之外，富元兄長期在工商時報與經濟日報刊載的專欄，就是我固定閱讀的內容之一。

《用快樂投資人生》這本書，可以算是富元兄當年的暢銷書《成功還不夠，快樂才是至寶》的兄弟書。《成功還不夠，快樂才是至寶》這本書借由描述數十位矽谷、台灣、中國的成功企業家之特質，來說明為什麼有些人可以在最困難的時候還是繼續成功快樂，而大多數同樣擁有優厚條件的其他人，卻總缺乏臨門一腳功虧一簣，以至於憂心忡忡浪費一生。富元兄這本新書，則反過來，從描述最平凡的人，最日常的故事，來探討其實我們完全不需要條件或理由，就可以達到經常超快樂的境界。

我個人十分相信，也嚮往這個超快樂境界。我覺得它不見得是只有得道高僧或有德之士可以擁有的專利，更不是有錢財有地位的人才能取得的特權，而是發自於每個人內心自然的「知恩、惜福、感謝」，以及來自於每個人天生原有的「自得其樂，樂在其中」的本能。

重點在於「其中」

看完富元兄的新書以後，我就將「人間之樂，樂在其中」這八個字聯結在一起了。

有人以為，企業家們天天只在激烈的競爭或拚命的工作，沒有什麼樂趣。也有人以為，只有什麼都不要或不用之後，才有機會得道真正的快樂。其實這些都只是片面與便利的說詞。我個人認為真正的快樂滿足，是必須在全心全意投入之後才能真正得到與享受的。也就是說，「人間之樂，樂在其中」這八個字的重點，首重「其中」這兩個字。

富元兄的書裡，列舉了許多生活中的實例與觀察，讓我們瞭解：

一個不起眼的航空公司服務小姐，在全身投入或許他人不屑一顧的遺失行李處理中，透過她的敬業，發揮了最高的價值。透過她分內謙遜的工作，她不但幫助了別人，自己還次次得到無比的滿足快樂。

一位八十歲的老司機，一生做的普通平常的工作，但卻四處散發他的熱力，傳播他的快樂。他對一切充滿感激，天氣、環境、朋友、客戶，每一件事每一個人在他眼中都是感謝，都是他自己的快樂，所以儘管他自己身體風濕疼痛，家人癌症，他還是每天高高興興的扮演好他老司機的角色。

一對年老的農村貧窮夫婦，真的是一窮二白。常年辛苦的工作，賺不到工廠員工基本薪資的三分之一，還得靠彈棉被，撿花生，幫人洗衣服來貼補家用。但是他們卻可以天天打情罵俏，充滿感情，大聲歡笑，痛快生活。

為什麼呢？因為他們都真正的融入生活裡頭了。他們都真正的自得其樂而樂在「其中」了。

書中還有更多正面與反面的實例，在在都告訴我們，生活的快樂與否，不在於所謂的好壞，不在於所謂的貧富，而的的確確在於咱們是否投入「其中」，是否融入「其中」。

企業家們投入工作，也是同樣道理。為員工們打造一個他們喜歡的工作環境，大家都高興。為客戶們提供良好品質的產品以可靠的服務，全部雙贏。為社會建設更好的基礎，提供更多的機會，結果是一個更為和諧公平的社會。至於後來是否因為企業的進步而帶來財富與地位，根本就是自然發生的過程，完全不需要去多費思量。

這是個有趣的結論。

企業家們的超快樂，就來自於他無怨無悔的對自己工作之奉獻。它的價值，並不需要靠最後是否超成功或股票超高來決定，也不需要依靠外界他人的贊同與否來判定，而是這個投入與融入的過程，就已經樂在「其中」了。吾等企業家們是多麼的幸運，能夠參與企業的開發與經營，能夠享受每天在市場上努力學習奮鬥向上的過程，這一切，就是我們的「超快樂」！

價值起於「開始」

富元兄的書，除了教育大家真正超快樂的來源以外，也鼓勵大家坐而思不如起而行。就像辦實業，搞企業，空有想法也不行，光是天天討論計劃也不夠，而必須及時開始行動。

按照富元兄的課程，超快樂很容易取得，就從認知自己的價值開始。過去沒有認知自己的人，趕快換心，換燃料，也就是改變態度，讓自己開始生活在正面思考裡頭。認知自己以後，也要練習對自己好一點，不要什麼都還沒做到，就將自己逼得喘不過氣來。隨後還要練習減少不必要的恐懼，最好的方法就是活在當下，不要長時期活在對過去的懊悔與對未來的狐疑。接下來就是不要犯了過度分析自己的毛病——自我省思是很重要的，但是不能變成過度的自我分析，畢竟生命不是個案。生命充滿驚異，是要痛快地去過的。最後他鼓勵大家從投資自己開始，把自己照顧好了，不但不會變成自私，反而更有能力培養悲天憫人的情操。

從每一個角度來看，這些幫助個人的課程也都可以轉換為幫助企業的課程。企業先要認知自己的特殊核心價值。如果連自己的價值都認不出來，就要趕快換心換燃料，轉換公司的軸心思想。之後要給自己的企業一些空間時間，不要因為操之過急或過度憂心忡忡而扼殺了自己的起始機會。然後企業更要練習把握現有的珍貴價值，而不用浪費時間對過去懷緬或對未來害怕。企業的分析當然很重要，可是再怎麼分析來分析去，最終還是要試，要做，要冒險，要衝刺。最後，毫無疑問的，企業一定要堅持自己的核心價值，對自己的核心價值不斷投資，而不要因為有點成就便開始花俏散渙。

無論是個人或企業，大家都來追求與把握自己的「超快樂」吧！

推薦序

快樂天使

時代基金會執行長　徐小波

近年來，我與富元兄不約而同致力於幫助年輕人開發他們的「創業潛力」；最近正熱烈的討論如何建立「天使基金」（Angel Fund），以便更具體的幫助充滿創意與熱情，但普遍欠缺經驗與資源的年輕創業人。在討論的互動中，更發現了富元兄的赤子之心與無比熱忱。

公益活動帶來快樂人脈

我與富元兄成為朋友，緣起於為公益服務的共同理想。我們先是經由「全球玉山科技協會」的活動而相識，又因「時代基金會」的「國際青年創業領袖計劃（Young Entrepreneurs of the Future, YEF）」進一步相熟。我覺得透過公益活動而結交的朋友總是充滿熱情、充滿理想、既不做作又不擺譜，是真正志同道合的好朋友，所以經常鼓勵大家盡量參與公益活動。自己數十年來所走的就是如此的心路歷程，在各個階段我結合友人對社會公眾付出，從中結交了無數的好友；而這些好友的力量，在我生涯的每一過程中，甚至於困難的時刻，都發揮了極大的啟發與幫助。

「時代基金會」有將近二十年的歷史。透過眾多企業的支援，「時代基金會」走過了漫長而有意義的路。基金會有豐富的活動與專案計劃，其中富元兄參與比較多的是「國際青年創業領袖計劃（Young Entrepreneurs of the Future, YEF）」。參加這個計劃的年輕人充滿熱情、懷抱理想而且衝勁十足，在數百個創業提案項目中，確實有不少是非常有潛力且具有商業價值的，記憶所及就有新式牙套、方便式耳機、淘氣玩具、設計人才總合平臺、折疊式家具、遙控醫療設施、新世代殺蟲設備等等，案子琳瑯滿目，非常精彩。

「國際青年創業領袖計劃（Young Entrepreneurs of the Future, YEF）」自二〇〇三年進行以來，透過企業界的創業家、專業人士的參與，以及麻省理工學院、加州大學柏克萊、史丹福大學等長期夥伴的合作，確實為企業培養了一批生力軍和未來創業家。不過長久以來，因為資源的缺乏，還是有許多滄海遺珠，讓許多好的提案、好的團隊因為找不到資金而無法實踐夢想。

因此我與富元兄在多次討論後，希望號召具有同樣興趣與理想的朋友共同組織一個「時代天使基金」（Epoch Angel Fund），針對有潛力的創業提案和團隊給予創業萌芽階段的幫助。

快樂的時代天使基金

「時代天使基金」的投資範圍不僅止於參加時代基金會「國際青年創業領袖計劃（Young Entrepreneurs of the Future, YEF）」的成員，還可以包括美國與中港臺有志創業的青年。我們認為這樣的天使平臺至少有三方面的重大意義：

一、「時代天使基金」將會是結合中港臺創業案例，以及美國矽谷創業案例的大平臺。或許天使基金初期只有能力以謙遜的小規模開始，但是我相信它將提供給所有兩岸三地與美國的青年創業者一個交流與共事的機會，一方面幫助我們的下一代，另方面也提供一個互相交流與學習的固定機會。將來「時代天使基金」可以配合時代基金會在矽谷、波士頓、台北、上海、北京定期舉辦青年創業的系列活動，讓有志青年來共襄盛舉！

二、天使基金的特點，就是整合資源，透過團隊合作而聚合許多個人投資的經驗與智慧。譬如說，一位有能力的天使，或許有能力投資輔導一家公司，但是個人的能力、財力、時間總歸有限；如果可以結合十位同樣能力的天使朋友，經由一個統一的機制進行投資，那麼不但資金加乘，被投資公司受惠的價值也大大提升。又譬如說，一位天使一年只能接觸十個項目，而透過十位天使的合作機制，彼此互通有無，分享創業投資案，那麼每一位天使每一年就可以接觸到上百項的案子。

三、想想看，如果能夠結合十餘位甚或數十位經驗豐富的天使，一起審核、評論、投資一樁好案子，那麼它的智慧貢獻，一定遠大於純粹資金的投入。

我與富元兄都是平凡人，但也曾經經歷過千錘百鍊，打過多少硬仗，碰過多少釘子。因此，至少我們可以結合大家的經驗與人脈來教導年輕的新創團隊，不要再犯我們曾經犯過的錯誤，不要再走我們走過的冤枉路。這種人生智慧、經驗的價值，有時候遠高於資金本身。再將這種智慧、經驗透過團隊結合予以放大，它便能夠帶來宏大的影響力，我相信對青年創業人是很有意義的。

富元兄曾經在美國矽谷首創橡子天使集團（Angel Group），結合了三十位當年科技界的佼佼者，整合資源，共同投資輔導數十個好項目。這幾年富元兄逐漸將事業重心移轉回亞洲，並且從以前只投資高科技事業擴大到現在投資多元化的行業。他同時也劍及履及的出版了好幾本勵志與創業有關的暢銷書，包括了這本《用快樂投資人生》。他與我都喜歡擔任快樂的天使業師，我們希望在未來的日子裡，繼續以天使投資人、基金經理人、老園丁、創業夥伴的身分來奉獻自己微薄的力量，更結合廣大美洲及中港臺的天使力量，培養一些好的事業團隊、一批未來的CEO。

在此祝賀富元兄的新書成功！同時也期待我們的「時代天使基金」順利開展！我們是投資天使。這還不夠，我們更要做散播快樂種子的快樂天使！讓我們大家一起來享受這本快樂的好書吧！

自序

超快樂，其實很容易！

林富元

單元的普通生活，多元的精彩人生

年輕的時候，我有一個與很多人類似的通病，就是常常會羨慕別人。也許是因為急於成功，急於攀登，我們總在看那些已經靠岸的成功者似乎什麼都有，什麼都快，而咱們自己怎麼老是在後面追趕？慢吞吞的趕不上，甚至許多時候覺得自己長久在原地踏步？

這份焦急感，可以是奮鬥向上的正面驅動力，但也可以是一再失望以後的負面侵蝕力。我的事業生活，數十年來就在這種驅動力與侵蝕力交戰之間生存過來的。

後來我終於領悟，原來咱們每一個人有每一個人的路，有自己的天地，有自己的運氣機會。我不再覺得自己的生活單元乏味，而別人是否多彩多姿，多元多戲。我覺得咱們每個人都可以簡單的把握自己的單元普通生活，但也都可以創造多元的精彩人生。

我的生活與工作其實和每個人差不多，有起有伏，有高有低，有得意暢快的時光，也有徹底吃癟的時刻。嚴格說起來，並不特別具有提出「超快樂」這個論點的資格。每一位宗教領袖都比我有資格多了，每一位醫院裡懸壺濟世的醫生都比我有條件多了，甚至每個人都可以有他們自己獨特合宜的觀點與詮釋。

但我最大的不同，是我確實在全球三大洲的企業界奮鬥打滾了超過三十年，失敗了好多次，也成功過好多次。

如此慘敗過流淚過的實際人生與事業路程，今天回過頭來看，反而覺得十分美好、感動。我一生犯了奇多的愚蠢錯誤，也因為這些愚蠢，讓我歷盡滄桑，看盡人事。可是最終所有我的愚蠢即錯誤還是得到了各種啟發與幫助，終於可以從灰燼中再起，從空乏中再生。

寫這本書就是希望在這個方向與大家分享心得。它不是心理醫師的方法學或藥方處方，也不是宗教導師的引領教育。它只是在分享我數十年來屢次遇見苦難，度過困難後的心得。如果連我這般平凡普通的人（甚至有時候還算是挺龜毛的），都可以練就隨時隨地無條件的開心，不需無理由的快樂，那麼任何人都可以做得比我好。

超快樂的境界，就是讓我雖然只有普通才能與平凡身分，但仍然能夠擁有無盡歡喜及偌大笑容的能源。對我來說，快樂已經不是偶爾擁有的東西，而是長期不斷存在的境界與格局，誰也拿不走的。

當你發現自己被打入谷底，或是遭奸人勁敵破壞，被你信任的人背棄，或是身體不行了，親人出事了，或是事業失敗了，仕途阻塞了，家庭或婚姻觸礁了，……這些都是摧心碎骨的事情，你怎麼辦？更進一步，用一句我常問自己的話來總結：如果你今天什麼都沒有了，你要做什麼？你要怎麼做？

許多成功的人士告訴我們，他們經常被打下來，經常被起伏剝光，但是他們最終還是成功快樂的人。為什麼？他們豐富的人生經驗告訴我們，當什麼都沒有的時候，你還是有自己。那就夠了。也許還有周圍靠近的一些人，那就更多了。你自己。誰也拿不走這個「你自己」。留得青山在，不怕沒柴燒，超快樂，也就只需要從這個「你自己」開始。

超快樂許多人都有。菜市場的阿婆，稻田裡的老農，不一定得趕時髦到不丹或西藏才看得到。也許閉關念經的得道高僧格局比我高上千百倍，也許在貧窮地區長期服務的義工境界又比我高深了無限，但是沒有關係，大家都各有各的超快樂。

「超快樂」是什麼？

我將「超快樂」的英文對等翻譯為「Super Happiness」。您如果檢視「Super」這個經常被人使用的字眼，不外乎是說特別好的品質、等級，特別高大的規模、數量、格局，也可以說代表了特別強烈的力量，極限的發揮。因此賣彩券的人叫他們的彩券為「Super Lotto 超樂透」，足球決賽叫做「Super Bowl 超級杯」，甚至街上的7-11便利商店也經常在賣特大號的「Super Size Drink 超大杯飲料」，電影中無人可敵的飛天強人叫做「Super Man 超人」，還有內容差不多的電視綜藝節目，為了有別於人，而自己稱呼為「Super Sunday 超級星期天」。

這些描述都十分傳神，也都有它們共同的特點，就是它們的「超級」。而我提出的「超快樂」，著重在三個最重要的主軸：

一、「超快樂」不需要條件或理由

在每個人的內心，都儲藏有自己求得快樂安心的本能。如此的快樂，是不需要理由就可以得到的。不需要條件或理由，而可以順其自然、經常性地、隨時隨地真正自得其樂。要認為本來自己天生就應該遠離悲傷，當仁不讓的擁有快樂，才稱得上是「超快樂」。

二、「超快樂」不需要比較或競爭勝利

如果快樂的取得必需基於不斷的勝利，經過擊敗他人後成功成名，獲得他人的崇拜認可，擁有傲視他人的累積財富才能得到，這種快樂必然無常，相對帶來的負擔也無止。不需要比較或勝利，憑自己的真我自然得到的快樂，才稱得上是「超快樂」。

三、「超快樂」是我們可以達到的一種境界與格局，這種境界毫不勉強，渾然天成

我們日常生活中的所謂快樂，絕大部分得依賴從他人身上獲得，或仰仗外界或外物來換取。我提出的「超快樂」，強調憑藉簡單真我，來經常性的隨時隨地自得其樂。我希望每個人都建立他自然享有的和平快樂，而又能與周圍環境和他人圓融並存。也就是說，我認為「超快樂」是我們可以達到的一個毫不勉強的境界，一個渾

然天成的格局。

許多讀者認為，人生苦多業多，悲傷痛苦也是人生必然的部分，不能一昧的說只要超快樂。其實這是完全不衝突的。我們人生說短很短，說長也有幾十年，本來就一定會有生離死別，生老病死，起伏得失之事，躲也躲不掉，誰都躲不掉。我們所說的「超快樂」這三個主軸，是正面迎接一切的悲歡離合，面對一切的愛恨傷痛，然後自然的克服，超越所有「悲傷」、「生氣」或「憂慮」。

自然地隨時隨地都快樂，從早到晚都快樂，不需要靠興奮的事件，也不必借用外界的認可或外物的刺激，就能夠經常性的自得其樂，無限快樂，大幅提升自己的快樂指數（HQ-Happiness Quotient）。

如此隨時存在，隨時可以取得而雋永耐久的簡單快樂，超越了任何藉由他人稱讚或累積權力財勢得來的快樂，超過了任何經由他人稱讚或擊敗對手而得到的快樂，更遠勝過任何經由炫耀或得意或功成名就或眾人盲目崇拜而換取的快樂。它不是偶發的，而是經常地。它不是一般的，而是強烈的。它不是聯想的，而是直接的。它更不是需要費勁心力去抓取的，而是從簡單的內心與態度中可以不需任何理由就自然得到的——這就是「超快樂」。

每個人都有本能與本事達到這個境界，每個人都可以將如此的格局融入生活當中，一舉一動，一思一念奉行不渝，朋友們，打開你的心，讓我們一起「超快樂」吧！

時報出版趙董事長通知我，他們希望在二〇一七年改版發行《用快樂投資人生》（原書名《超快樂，帶你突破逆境》）這本當年的暢銷書，我當然很高興再次與大家分享共修。

自己始終相信，寫書，就要寫出放諸四海皆準，可以充滿雋永樂趣的內容，最好還能而能一直幫助人。這本書，正是針對「不需要任何理由，就能快快樂樂」的心情境界而寫的，過了十幾年，我發現其實這種心境與氛圍，在今日混亂的世界裡，更是大家渴望需求的境界。我們再一次與共享如此甘甜細潤的心情！

林富元　二〇一七年六月十二日　於美國加州矽谷

Lesson 1「超快樂」不需要理由

「超快樂」，強調憑藉簡單真我，隨時隨地自得其樂。
我希望每個人都建立自然享有的和平快樂，而又能與周遭環境和他人圓融並存。
也就是說，「超快樂」是我們都可以達到的一個境界，一個渾然天成的格局。

1-1

從尊敬喜愛自己的價值開始

讓我先與您們分享幾個我親身體驗與經歷過的故事……。

不久前，我搭機從上海經香港到台北。班機提早到達香港，所以我可以提早一班航班接飛台北。當我順利得意地上了飛機，因為旅途勞累，就立刻睡著了。睡了好久之後，才忽然驚醒，我完全忘記我還有一箱拖運行李從上海 Check-in，在轉換班機的時候徹底忘記了這個行李！

我心想：糟了！香港的機場人員，不知有沒有注意到我這箱行李？到了台北，我在行李出口等了數十分鐘，確定行李沒有隨著班機送到，我只好向機場遺失行李的窗口報到，請服務人員幫忙尋找。

這位服務小姐非常熱心，立刻就電文查詢，也很快地確認我的行李掛在下一班飛機上。我當場就安心了許多。

服務小姐在知道我要留在行李間等待下一班機後，立刻拿一瓶水和一罐果汁給我，並且搬了一把椅子讓我坐。之後幾乎每五到十分鐘，她就走過來問我一切是否OK？還需要什麼？她還可以為我做什麼？

我的感動並非在這時發生的。

在等待行李的那一個半小時中，我沒事做，就一直觀看這位小姐。這期間，她一共處理了三個像我如此焦慮的乘客，每一位都受到她親切實在的招呼。不但這樣，每當看到有類似的行李出現在遠方閘口時，服務小姐立刻毫不猶豫，一馬當先地衝過去將行李搬回來。

請讀者們注意，這位服務小姐身材瘦小，有幾個行李我看都比她重。這份工作，在一般人的眼中，恐怕不是什麼華麗注目的工作。但是這位服務小姐不但不嫌工作輕微，甚至可以讓人清楚地感覺到她的熱忱投入！

我最感動的是，中間有位老外也尋求幫忙。當老外形容完畢他的行李，服務小姐立刻說她好像在其他閘口看到類似的行李，然後衝過去，在堆積如山的行李堆中找出，扛起，揹到我們在等待的休息區。結果老外看了，驚呼正是此物，他們兩個都好高興啊！

接下來的幾秒鐘，我可真的感動得流了幾滴眼淚。

在老外高興地扛走行李後，這位服務小姐，在她自己的崗位上默默地做了一個手勢。那個手勢是老虎伍茲在贏得冠軍之時的慶祝手勢。

ＹＥＳ！她幫助了一個完全陌生、而未來可能也不會再見到的乘客。ＹＥＳ！她自己好高興、好滿意、好歡喜。

在那一刻，我看見的這一位平凡女士，是天下第一快樂的人。

「超快樂」的第一步，從看見自己的價值開始！

朋友們，什麼叫做「敬業」？什麼叫做「價值」？什麼叫做「快樂」？再多的書，再多的解釋，其實在這位我也不知道姓名的女士身上，我們真正地看見了！

多少人天天在為了自己「缺乏安全感」、「老是比不過人家」、「得不到眾人尊重」以及「未能充分發揮」這四大問題上繞來繞去，作繭自縛。但是看看這位女士，她是何等的開心在做著漂亮女生不屑一顧的工作，享受著平凡任務裡盡心盡力之後的成果，快樂地幫助之前不認識、之後也可能不會再見面的過客。她對自己的價值毫不懷疑，對自己的貢獻充滿信心，這就是「超快樂」！

有人可能會嗤之以鼻地說，就做這些雞毛蒜皮小事啊？有什麼好快樂的？恐怕很多人也會說，這能賺幾個錢？每天忙得要死，有什麼好快樂的？

可是反過來想一想，這位女士才是我們最好的導師。她教我們怎麼樣能夠在簡單的內容中欣賞自己的價值，在平淡的環境裡享受自己的努力與成果。

自得其樂不需要任何理由！尊敬與喜愛自己的價值，你的人生就會改變。

- 今日便活出你的人生。
- 生活屬於你自己，想要過什麼樣的生活，任你自己選擇。
- 你不能決定怎樣死，但是你能決定怎樣生活。
- 對於任何一件事，都有兩種選擇：不做，或是全力做好！
- 不管生活現況如何，日子照舊一天一天溜走。聰明的人，選擇歡喜去面對。
- 沒有價值與使命的工作，不但乏味、無趣。還要花費你大半人生去與之為伍。

1-2

為自己培養智慧的「眼光」

不久前，我在報章雜誌與電視上看到一場炒作名流婚禮的報導。富貴人家的婚禮，總是獨得媒體青睞，婚禮被炒作得翻天覆地，還經常冠以「世紀婚禮」、「含著金湯匙的金枝玉葉」、「崇高尊貴郎才女貌」之類的誇大恭維。

喜事讓大家分享，的確是好事。但仔細分析媒體報導，大致重點都在於鑽石多少克拉？哪位名師設計禮服？花費多少百萬精心雕琢？來賓何等尊貴高尚？哪些社會名流、權貴人家？甚至我還讀到所謂的「深入報導」，花了好大篇幅敘述新郎的母親如何在幾個鐘頭的婚禮前後，更換了三四套禮服，與新娘爭豔。

比較有意思的是，婚禮之前，男方父母親因為位高權重，走到哪裡都有鎂光燈追逐，特別懇請媒體不要大肆報導。但是很明顯的，這場婚禮邀請了所有的大小媒體，還安排了公關部門，專門負責媒體人員的接待攏絡，這場婚禮就按照計劃地變成了最華麗的大馬戲表演、最奢侈的肥皂劇，巴不得全世界都知道他們是如何地有成就、有財力，所有賓客都希望別人看到他們是屬於被邀請的高級人物，配合著媒體的聲嘶力竭與恭維渲染，電視機前的老百姓都要看昏頭了，忍不住要想：唉！你看人家多麼的華麗絢爛，人家多好啊！唉！你看人家多快樂！咱們為什麼不行？

這是什麼？這其實也只不過就是「炫耀文化」的一個例子。

透過「炫耀」，主角們希望向所有朋友們及廣大群眾證明他們是何等的富足快樂。缺少了「炫耀」，我相信新郎新娘一樣會婚姻美滿，但是權貴人家恐怕就缺少了那份來自外界眼光的認可、羨慕，甚或嫉妒中的志得意滿與洋洋得意。

如此的得意快樂，基本上是必需經由他人的稱讚與同意才感覺具體。這種快樂，占據我們生活中不小的比例，我們每個人不知不覺被套牢住，處於這種窠臼與牢籠，讓我們一而再、再而三的辛苦向前。（有關這一部分，本書後面會深入探討。）

同一段時間，我參加了一場友人的葬禮。

這位友人是跨國企業一家世界級半導體公司的副總經理，比我年輕，學而有成，科技事業經驗豐富。數年前受大公司執行長的禮邀，擔任這家尖端科技公司的研發，認真努力，廣受上司及部屬的喜愛。

約一年多前，這位副總經理身體不適到醫院檢查，醫生在檢查完畢之後請他回醫院聽結果。當時他就感覺不妙，後來知道是鼻咽癌末期，為時不多。他當然驚惶難過，不久後告訴家人，家人更是震驚恐懼，無法接受。儘管傷心害怕，夫妻兩個還是決心努力抗戰到底，協同一雙俊秀的兒子，想盡各種辦法尋求治療。

在他與癌抗爭的一年多，情況好好壞壞，從西醫手術到化學治療，從另類醫治到中醫氣功，都未曾放棄。這期間，他也繼續留在工作崗位上服務，毫不懈怠。直到癌細胞忽然蔓延，擴大到肺部，無法再醫治，不幸英年早逝。走的時候，年紀還比我小四歲。

準備葬禮的時候，我太太幫他的遺孀製作所有的禮拜流程表，讚美詩歌的打字印刷，每份流程表綁上白色的蝴蝶結，象徵這場神聖的送別。當天，全場氣氛莊嚴肅穆、親切感人。許多親朋好友上臺講話，我最記得的是往生者仍在高中就讀的小兒子，在葬禮即將結束前，為大家講述他所認識的父親。

約十六歲的年輕男孩，上臺後告訴大家，其實他年幼的時候，父親忙於工作，沒有太多時間陪伴兒子；就算有時間，父親為人誠懇木納，也不知道該跟兒子說些什麼。兒子回憶說，有時候爸爸不知道要對他講什麼，就帶著微笑看著他，一直看一直看，直到兩個人都一起會心微笑起來。兒子說到此處，哽咽辛酸，但也能看著父親的相片微笑致禮。

年輕的兒子又說，爸爸生前教過他很多事情，包括學業、事業以及基本的待人處世之道，他有時聽聽、有時不聽。但是當爸爸知道自己不久於人世，進而接受這個事實之後，爸爸只不斷告訴他人生最重要最寶貴的東西只有三樣。

他是對小兒子這麼說的：我窮極一生，從求學到做事，不斷的天天努力追求理想、追求勝利成功，以為從此就可以快樂舒服。但是，到現在，我終於真正知道，人生的快樂，其實只有三樣東西是一定要具備的：健康的身體、堅實的家庭，還有一顆快樂寬廣的心。有了這些，也就夠了，綽綽有餘了。其他的事物，沒有一樣是絕對必需的。

兒子接下來說，他非常感謝爸爸在走以前與他分享一生的心得。他說，他們家，這三樣東西都有，而且非常強烈，他相信母親與他們兄弟擁有的是最快樂的家庭，未來也會堅強地繼續快樂下去。

雖然他的父親走得如此倉促，但是他的親切、誠懇以及循循善誘，都是永遠讓兒子感激及學習的。當他講完這一段話後，整個禮堂的來賓幾乎都唏噓不已。我自己則是在傳道引導來賓誦唱一首詩歌叫〈眼光〉的時候，禁不住也感動落淚了。

〈眼光〉這首詩歌或許是特定教會的宗教歌曲，但是它在如此場合演唱所引發出來的效果與感動是完全沒有界限的，它的部分歌詞是這麼唱的：

不管天有多黑，星星還在夜裡閃亮；
不管夜有多長，黎明早已在那頭盼望；
不管山有多高，信心的歌把他踏在腳下；
不管路有多遠，心中有愛仍然可以走到雲端。
誰能跨過艱難？誰能飛越沮喪？誰能看見前面有夢可想？
上天的心看見希望，你的心裡要有眼光！

我自己在葬禮當時感受到〈眼光〉這首詩歌，歌詞意境傳遞了無比的智慧，我們一生的許多死結與糾纏，在這首歌中得到破解。

不要將自己超快樂的權力，交給他人去主宰

鋪張奢華的婚禮，或者類似的炫耀，只為了向周圍的人證明自己多有價值、多有成就、多麼與眾不同的快樂？結果只是累上加累。成天與一干各自為己求利的利害分子周旋，順暢之時好像自己是所有鎂光燈的焦注，困頓之時立刻又變的乏人問津。

所以你要有「眼光」。要看到自己的價值有多美好，要曉得肯定與接受自己，而不必長期仰仗他人的青睞或賞識才肯定自己。因為他人的肯定與認可，今天有、明天不一定有，現在得意過、忽兒就要失意了。所以你要有「眼光」，不要再將自己超快樂的權力，交給他人去主宰了。

樸素感人的葬禮，點醒我們，榮華富貴都不再之後，記憶中最珍貴的，也只不過是家人眼光相對與默契相通的那幾刻。再高的學位、名號、職稱、財富、權勢、版圖，通通不管用了。剩下來有價值的，也只不過是短短數十年的身軀，幾個有緣相聚的家人，以及自己可以掌控要好要壞的心境。

所以你要有「眼光」。要知道世間紛雜擾亂，絕大部分是自我為生、咎由自取；而今天的自己，再如何窩囊，還是有機會去一層一層的將眼前如此孽業儘快剝開拔

掉。不要等到氣都快沒了，才恍然大悟。所以你要有「眼光」，現在開始抓住自己真正自然快樂的簡單原則，讓自己多過一些快樂的生活，少過一些作繭自縛的日子。

- 對虛榮追求和迷戀，是所有無知者共同的特徵。
- 虛名是一種不必要的煩惱，更類似迷幻藥，讓人無法安住平常。
- 能懂得人生滋味，才能駕馭美好人生。
- 人生的壯美，不在於輝煌的氣闊堆疊，而在於日常細瑣的點滴累積！
- 任何事物的成功，都比不上家庭的失敗。
- 幸福毋需遠求，平平凡凡的生活中，就可以找到回味無窮的幸福！

1-3

人人都可以達到的「超快樂」

「超快樂」從尊敬與喜愛自己的價值開始，不論你的現況高低貴賤，無論你的條件好壞富貧，不管三七二十一，就是要你認清與喜愛自己。「超快樂」不能長期靠與他人競爭勝利得到，不必永遠靠大家的寵愛來維持，如何找出自己的「眼光」，看出什麼才是對自己有意義的真實價值，發現其他盲目追求的東西原來都是過眼雲煙。

接下來，我要的談「超快樂」是一個境界，也是一個格局，是人人都可以達到的。

我太太多年來擔任慈濟義工，她對穿制服當委員的興趣不大，只想依她的心性，默默累積服務與奉獻。這幾年來，每個禮拜三，她會代表慈濟去附近的餐廳收集新鮮但尚未售出的麵包，然後隔天趁麵包還新鮮，大清早將這些麵包送到矽谷的老人院、流民收容所或是幾家兒童院。

我陪伴她去過幾次，每次看到這些院所的義工，在貧乏的環境裡熱心誠懇的工作服務著，既不光鮮亮麗，又都屬細瑣小事。我親眼看見她與她的許多義工朋友，天天在做這些沒有人看，沒有人報導的好事。大部分的人，偶爾如此擔任義工一兩次，碰到什麼節慶或事件，趕快來表達一下自己的慈心善意，這也很好。但是如果說要日復一日，周復一周，長久無償的做下去，是很不容易的。

我現在想寫的重點不在我太太身上，而是寫她朋友的故事。

《草山春暉》

我太太有位一起收送麵包的高姓朋友，兩人工作中聊了聊，才知道高姓友人的家人就是大愛電視很有名的一部連續劇《草山春暉》的主角家庭。慈濟大愛電視台將他們家的故事拍成連續劇，高女士將影碟借給我們看，看完之後，我們都非常感動，受到鼓舞。

高家的故事十分簡單。一家八個兄弟姊妹，從小親愛精誠、孝順父母、彼此互助合作，到長大都是一樣。這部戲圍繞著這個大家庭，看他們如何互助成長，將自己的家製造成一個「超快樂的小天堂」。數十年間，他們碰見失敗苦難，面對遷移變化，遭遇各種挑戰，再怎麼無解，都憑著簡單但強烈的親情發揮力量，克服困難。

這段真人真事，以數十集的電視劇栩栩如生地再現。我們看到一家人透徹的互相瞭解、彼此體諒，完完全全發自內心。長姊在年輕時帶領大家出外求學，全部擠在大姊所租的小公寓，大姊完全沒有覺得不方便；大姊經商失敗時，仍一致對待跟自己擠在小小家中的弟妹們；兄弟經營事業慘遭失敗時，全體沒有任何人怪罪，只是咬緊牙關同舟共濟；母親開始罹患老人痴呆症，沒有一個兄弟用任何理由逃脫推卸，心甘情願的擔待。

這些生活中平凡稀鬆的內容，似乎沒什麼特殊之處，為什麼要煞有介事地拿出來演？只有當你看完整部戲，瞭解這高家人是怎麼在過活，你才會感恩地瞭解：為什麼人家可以每天生活在滿足與快樂之中？他們家裡為什麼可以永遠洋溢著歡笑與快樂？不管是在多麼困難違逆的情況裡，或是多麼缺乏的逆境，一家老小永遠遵循家訓「善是傳家寶、忍是積德門」，永遠保有一種悲天憫人的心態。

戲中看到一段十分簡單的情節，兄弟陪著已經嚴重罹患老人痴呆症的母親在雨中到山上散步，已經自己是老人的兄弟們還好像老萊子般地圍繞著母親說笑逗趣，九十歲的母親雖然沒有太多意識，但也充分呈現豁達開朗的精神。這家兄弟日夜不息地都是如此照顧高齡母親，甚至母親夜裡惡夢、無知覺夜行，兄弟們也還是亦步亦趨地陪伴，不敢有違。看完這一段，不用多說，誰都會感覺，這一家人是「超快樂」的。

他們的「超快樂」，不是來自於財富或成就。事實上，他們家庭在中途生意失敗，差不多傾家蕩產、負債累累。也不是來自長期安穩或平靜；他們曾經全家連根拔起，放棄在台灣的熟悉生活，移民到完全陌生的美國西雅圖。移民之後，這一大家子人又都住在一起，每一頓飯有二十個人一起開伙。朋友們可以想想，移居異地，有多少麻煩與憂愁？兄弟嫂子孩子一大堂，天天都在設法適應，換成別人家，家裡不早就天天吵架鬧翻了？

後來我終於瞭解了。他們的「超快樂」，其實就是來自於他們自小自己在家中養成的境界。房子雖不大，家族也不有名，但是卻是他們全體自給自足的小天地！在這個天地裡，一切什麼都可以彼此體諒，互相關心，久而久之，當然就成了一個「超快樂」的天堂。有了這麼一個天堂，天塌下來，都有兄弟們和家人一起頂著；有什麼問題挑戰難關，都有真正關心你的人在旁邊撐著。如此簡單而又堅實的生活，那還需要什麼富貴榮華來為自己貼金？哪還要靠什麼權力名望來膨脹自己？

《無米樂》

如果說《草山春暉》這部連續劇，講的是一個普通的家庭，如何在家人的團結凝聚善良互助下，將這個大家庭打造成平凡而又「超快樂」的小天堂；那麼《無米樂》這部紀錄片，就可以解讀唯一對幾乎可以說什麼都沒有的艱苦農民夫婦，如何在貧瘠的生活裡，憑藉兩人的相依為命，也打造出屬於自己的「超快樂」生活。

我對《無米樂》這部紀錄片這麼一詮釋，恐怕片子的導演與製作人都要反對了。《無米樂》講的是台灣農村台南縣後壁鄉裡，貧瘠村落中三個年老農夫家的故事。他們一年四季在農田裡的辛苦工作，隨著季節與天候的變化，日出而作、日落而息，工作得要死要活，一年到頭也賺不到一個工廠普通員工幾個月的基本薪水。工作好苦，生活好苦。

製作人原先想來有更大的理想，是要藉由這些農夫的言談與生活，點出農村世代交替，一個快速被淘汰的產業，又要面對各色各樣的稅收，WTO帶來的壓力，年輕工作人員的徹底流失，行銷管道的層層剝削，他們要怎麼辦？結果我看了半天，感動唏噓之餘，卻看到了老農夫們最珍貴高尚的價值，看到了老農夫們的「超快樂」。

怎麼說呢？《無米樂》從七十五歲的老農夫——崑濱伯在廟前燒香開始，祈求國泰民安，稻米豐收，家人平安，然後影片一季一季地觀察農民們大清早就起來工作，風雨無阻，最後仍然入不敷出。他們天天在田裡工作不夠，回來做家事不在話下，還要兼差剝花生、彈棉被、作各種零工，才勉強得以糊口。他們每天要與天氣搏鬥，要與害蟲搏鬥，要與公家機關稅務機關搏鬥，要與收購稻米的大盤商搏鬥。他們的生活，每一天都充滿鍛鍊腰背的勞力，汗流浹背的辛苦。

可是，他們的生命力卻是那麼旺盛！他們的韌性卻是那麼的堅強！

電影日夜追隨著崑濱伯與另外幾位老農夫，拍攝他們從早到晚的工作與生活。就拿崑濱伯作例子吧：他在田裡工作將近六十年了。古銅色的皮膚，簡單破舊的內衣，守著幾塊田地，自己帶著太太拚命工作，耕地、除草、播種、施肥、收割，環環相扣，生生不息。

農民要生存。因為要生存，所以他們一直做。電影裡三番兩次記錄農夫的說話，說到他們還需要勞動工作多久，每一個人都說，做到做不動倒下去死掉的那一刻為止。這段很長的訪問，讓我們看到天下最窮的農民，每分每秒，「超快樂」的一面。

他們都好熱情。對拍攝電影的人員，對村裡的朋友，他們展現的是完全純真的誠懇熱情。熱情的散發，完全與收入所得無關。熱情的取得，完全與旁人對他的評價或認可不相干。每天工作中偶有閒暇，崑濱伯就與其他農友們泡茶聊天，當然他們會聊起生活之苦，但是他們也會開玩笑，說說家鄉俚語，甚至罵罵三字經。不管什麼內容，他們好熱情、好真情。

都會企業家們，錦衣玉食出將入相，除了需要作秀擺樣子以外，對待人都好冷、好冷。崑濱伯與他的農夫朋友，卻都天然的好熱、好熱。

他們都好真誠。崑濱伯的太太在電影中隨時都在唸他，說從嫁過來以後沒有過一天好日子，講到自己做牛做馬不知要到幾時，兩個人卻互相關懷，崑濱伯沒事還會摸摸老妻的臉龐，吃吃豆腐。有時候互罵兩句，然後就給對方加衣服；有時候吵吵嘴，然後又為對方挾菜。

如果讓那些習慣富貴生活的達官貴人看看這部電影，想想他們花多少錢在拉皮保養，拉到臉孔都緊繃動彈不得，忘記真正的笑容是什麼，他們是不是可以得到一些警惕與覺悟？

我看了整部《無米樂》紀錄片，發現了一個事實：電影追蹤農夫們一整年，看到這些全省最窮的農夫們，隨時都在笑。真誠的微笑、大笑、彼此的笑、痛快的笑。天真無邪的笑，在最窮最一無所有的時候也能看到的笑，這如果不是「超快樂」，是什麼？

所以我說，「超快樂」，不代表生活或工作沒有問題。問題天天都存在，不是一個人假裝很快樂就可以將問題躲過去的。沒有問題，也不是「超快樂」的先決條件。台南縣後壁鄉的最貧窮同時也最富裕的農夫們，幫我們看清了這一點。

喜樂可以自己主宰，歡喜可以自己選擇！

「超快樂」是一個境界，是一個格局，是一個你可以選擇要進入的心境，一個隨遇而安，但卻不代表委屈妥協的境界格局。

「善是傳家寶、忍是積德門」是高家的家訓。高家人每一個人天天都在力行，並將它擴大發揮。他們家人就是喜歡行善，大善小善，每天為之，隨時為之。原來，如此精神是從已經過世的父親就開始了。他們從小跟著做、跟著學，完全認為這是十分平常的分內事。最後的結尾，高家人精誠團結，聯合老員工，努力創造製作美好耐用的美術蓮花地磚，花了整整八年，一片一片地燒了三千多片，奉獻安置在花蓮慈濟的靜思堂裡。

我們可以觀察一下，咱們的左鄰右舍，是否也有許多如此超快樂的家庭？有誰不希望他的家也是如此溫馨，孩子可以在如此超快樂的環境中長大？

崑濱伯夫婦連吃飽飯都是問題，如果按照富貴人家的標準，他們更連基本安全感都不見得擁有，那有快樂的權力？事實剛好相反。在他們的天地裡，他們主宰自己的喜樂，他們選擇自己的歡喜。

也許老農夫仍然有生活的龐大壓力，也許他們天天仍然要面對生存條件的缺乏，但是他們還是可以選擇快快樂樂的每天繼續向前。因為他們很清楚：日子喜不喜歡，都還是要過。工作無論如何，都還是要繼續。在他們心中，稻田對別人來說不值錢，但是卻是他們的最愛。冷氣房裡的教授不必替他們想要機器自動化，穿金戴玉的富貴人士不必可憐他們，對自己負責，不怪罪天地或他人的基本精神，不必基於享受之後才可得到的「超快樂」，正是我們要學習的精神！

・沒有追求的人生，會是一種遺憾的人生。
・現實生活中總有優勢與劣勢，避開劣勢，盡量去發揮優勢，就會發現許多意想不到的好事出現。
・與其詛咒黑暗，不如點亮一支蠟燭。
・世界上沒有什麼東西可以真正阻礙一個人，除非自己！
・理智下的痛苦是短暫的，衝動下的遺憾是永久的。
・不管發生什麼事，傷心過後，唱一首快樂的歌。

1-4

「超快樂」是懂得善待自己

新春之後第一天，我在美國加州矽谷的辛那巴山麓高爾夫球場（Cinabar Hills Golf Club）與十四位科技界的好友賽球時，打出了自己生平第一次一桿進洞（Hole-In-One）。同時當天也是競賽的淨桿（Low Net）總冠軍。

按照保險公司的推算，一個人一生之中打出一桿進洞的可能性，職業選手是五萬分之一，一般球友是十五萬分之一。我打了十餘年的球，雖然球技仍然乏善可陳，卻讓我做到了許多人夢寐以求的一桿進洞。我的許多友人，球技不知比我精湛多少，窮極一生也與之無緣。

我的一桿進洞，是在峽谷區（Canyon）的第五洞，用一百二十碼的標準桿三桿球洞打進的。這個洞有它的難度，我作夢也沒有預期自己會打出什麼好成績。球擊出後，我看到它以筆直的美好弧度飛向旗桿，幾秒鐘後，落在旗杆桿旁約八英寸。之後，向左前跳了一下，然後迅速往回倒退，應聲入洞。剎時間，球友歡聲雷動，雀躍不已，我自己則昏頭昏腦的，不知該怎麼反應。

讀者朋友們也許有許多高球球友，但是有些人可能不知道一桿進洞代表什麼意義？

原來一桿進洞既是一生難得的喜事，卻也是破財的開始。按照亞洲習俗，一個人打進一桿進洞，所有他的朋友通通見者有份，聽者也有份，要好好敲他請客，少不了一頓或幾頓豐富的流水席。我有一個朋友，每次看到他掛在牆上一桿進洞的紀念牌，就搖頭嘆息，辛苦掙了一年的薪水儲蓄，為了一桿進洞而請客，幾場飯局就吃光了。

當天跟我一起打球的有十幾位，一桿進洞之後，馬上在旁邊起鬨要如何、如何大敲一筆。那還不算，他們要求我必須主辦招待大家到什麼泰國或夏威夷旅遊打球活動。哇！如果加上其他在美國與亞洲我的上百位友人，看起來如果不花上幾年的儲蓄，恐怕過不了關囉？難怪保險業推出一桿進洞的保險產品，專門為打出一桿進洞的朋友保「請客險」。

原來凡事都是如此。有好的一面，就有壞的一面。再大的喜事，也有它的沉重負擔。同樣道理，再壞的情況，也都有它的光明面。

這一群圍繞在身邊慶賀的好朋友，都不知道其實我在不久之前，才剛剛結束一場商業上的大災難與大損失。他們不知道，我剛結束委屈、受盡凌辱、看盡惡人囂張的經歷，現在可以說還在療傷。所以忽然間打了一桿進洞，剎那間不知道該如何著力，哭笑不得。

我這一生做過的大小雜事不少，挫敗與成功混亂參雜。早期經驗不足，常常有牢記挫敗經驗的習慣，總喜歡將事情前後拿來左思右想，在腦中盤旋：如果當初自己不這樣作，如果當初別人不那樣決定，或許結果會截然不同？

結果大家猜怎麼樣？所有的左思右想，所有的內心回顧，雖然對我日後的進步有所幫助，但也使我更加陷入混亂沉淪與裹足不前。後來經驗累積了，挫敗感仍然有，但成功的經歷卻也在努力之後相對增加。我發現自己最明顯的蛻變，是突破了過去習慣性不知不覺掉入的負面泥沼。逐漸的，我發現克服挫敗的最好方法，只有立刻拋掉昔日包袱，全神投入繼續開創前進。這時候，才知道什麼叫做真正的「活在當下」，知道什麼叫做真正的「把握現在」。

活在當下，就是看清楚自己的狀況，盡力就好，做自己能做的事情。

我自己曾經在五六年之內，創下全球兩百場以上大型勵志演講的紀錄。那是一項得意與暢順的紀錄，讓我在美國和亞洲結識了成百上千位新朋友。但同時間我發現，自己的氣喘愈來愈嚴重，演講時常常透不過氣來。

這五六年來，我熱衷寫作，搭飛機時空檔寫，出差睡不著覺寫，回家一有空就寫。專欄、發表看法、出書，長久下來也累積不少創作。過程中，卻漸漸發現手臂不管用了，得了典型的「腕骨疼痛症」。這是長久使用電腦鍵盤者常有的通病，總是同一個姿勢，同一處肌肉重復使用，最後肌肉損傷發炎。

我打了十幾年小白球，也許是缺乏天分以及運動神經不發達，一直沒有顯著的進步。我天天都在想，要怎樣才可以迅速進步，讓朋友刮目相看。我不曉得買了多少錄影帶以及教科書，東學西學，卻愈學愈亂。

後來我高爾夫終於漸漸有進步。可是我十分清楚，那微薄的進步，不是來自於拚命的練習，而只因為：我決定不要再逼迫自己了。

看清現況，量力而為，就是「活在當下」！

如果在有氣喘的情況下還逼迫自己去演講，恐怕效果不好，萬一在臺上出現狀況，對自己不好，對聽眾也不公平。如果在手肘手腕都疼痛的情況下，還要拚命寫作，恐怕長久下去，只會造成更大的傷害，到後來說不定想寫都寫不動了。如果處心積慮地想積極打好高爾夫球，卻愈打愈糟，那就是所謂的「Try Too Hard」，太過在意，過度嘗試了。

一桿進洞，不是我能控制的。如果我一心想要打出一桿進洞的亮麗成績，拚命練習什麼絕招，天亮練到天黑，我敢保證，恐怕再打一千場，打到頭髮全白，要進棺材前，都還打不出一桿進洞。相反地，在那個時刻，我享受的只有和好朋友聊天，與知心友人玩笑與逗趣，揮桿前，我能做的已經做完，球打出去，它怎麼飛、怎麼彈，還得看天氣、風向、水分以及地上狀況而定。

回想起來，當年事業上或生活中每每遇到挫敗，就在內心中纏繞糾葛，無法釋懷，好像心中有千萬個打不開的結，愈想去解，愈打死結。這和人際關係不也一樣？愈是憂心忡忡地想去爭勝敗，就愈把自己搞得烏煙瘴氣？

把球打好、把書念好、工作做好、事業建立好、婚姻經營好、人際關係處理好，道理都一樣：你只能全力做你能做的。你當然要不斷超越你能做的界限，將所謂的範圍不斷擴大，因為你的境界可以無限，你的能力可以不斷發揮。但是當你做完你所有能做的事情與努力之後，就先不要再逼迫自己了。這就是「超快樂」具體的第一課，先練習對自己好一點。

- 辛勤的埋頭苦幹，未必會有成就，有時抓住關鍵，說不定就會成功。
- 快樂是一顆特殊的鑽石，人人皆有機會戴，只要願意嘗試，就會讓自己閃閃發亮。
- 大膽走自己的路，只要不迷失，終究能找出屬於自己的方向。
- 不要覺得自己總是做不到，老是羨慕別人的成功，記住：金子總是發光，但是發光的不一定是金子！

Lesson 2「超快樂」帶你突破逆境

在你得意順暢、左右逢源之時，
會誤以為「超快樂」這件事不值錢；
但是當黑暗降臨，「超快樂」可能是你唯一可以仰仗的內在力量，
唯一可以協助你破冰解僵、化憂為喜的重要能源了。

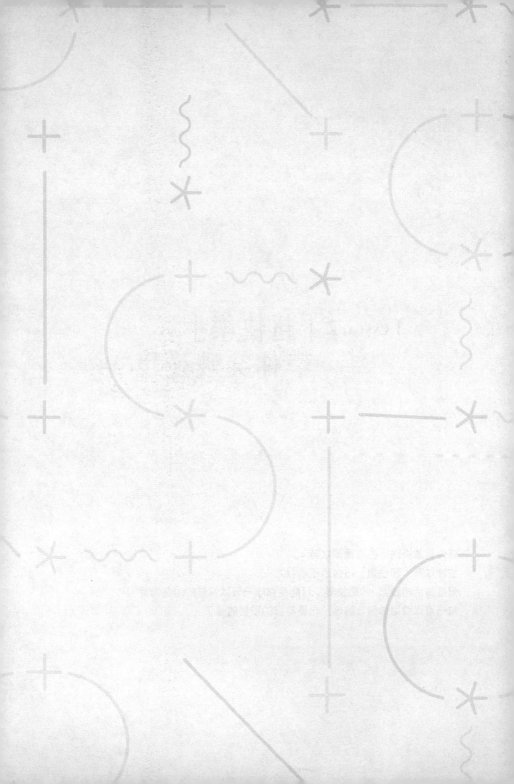

2-1

一道曙光突破千重黑暗

許多朋友都曾告訴我一種類似的經歷，他們偶爾會有一段時間陷入解不開的困擾，讓一向樂觀的他們，有不少莫名的挫折感。尤其當這些困擾來自於某些人際政治的因素時，有時左思右想也找不出解困之鑰，會長期困處於毫無意義，又揮之不去的空洞殘局裡。

我自己就曾有如此的經驗……

某天小兒子要求我送他參加辯論比賽。我一向有早起的習慣，跟很多科技界的朋友類似，早起後第一件事就是打開電腦，察看電子郵件。每天大量的電郵，很自然地就在電腦前綁上一兩個小時，不弄完不甘休，常常忘記外面發生了什麼事。

還好那天早上我沒忘，五點起來送小兒子去遠地參加辯論比賽後，清晨六點多從高速公路開車返家。周六的早上，路上車子不多，加州矽谷剛從冬季暴風與傾盆大雨中結束，一路走來空氣清新，山色輕爽，我一面聽著音樂，腦子裡一面想些工作上惱人的問題。

一個山路轉角，滿窗初晨曙光，霎時布滿大地。早晨陽光從山端樹梢照透滿車，舒暖又光明，讓人忍不住想大口呼吸。忽然間，我覺得自己是天下最幸運、最幸福的人！瞬時間，所有工作上惱人的事情好像都獲得了解答。

這一天的晨曦曙光，應該與往常沒有不同，但在那一瞬間裡，我對一切充滿「知恩、惜福、感謝」；就在那一瞬間，我又與真正的內在自己重新連接了（Re-connect）！

朋友們，經年累月，我們努力追逐，將自己混淆在商業戰場上。我們許多人其實心路歷程是一樣的：外在的功名利祿、榮耀偶有建樹，然而長久忙碌爭奪，連隱藏在內心不為人知的真我也不見了，我們混淆了，我們與原來的自己斷殘了，忘記了自己，迷惑失落了！

讓赤子之心帶我們衝破難關、化險為夷！

讀者可曾體會赤子之心？那是一種純真美好的感覺。當我們感恩、感謝天地萬物，當我們縮小自己、真誠面對萬事萬物，純真本色就出現了。

是的，就是這麼一個感覺，那個星期六上午我覺得自己擁有的一切何其豐富：滿山陽光、大地微風、新鮮空氣，我一個人感受到世界的給予。當下的我立刻許下心願：我要牢牢抓住此刻的感覺，作為今後生活與工作的基礎。

我想告訴讀者：天地間豐富的能量，其實充沛存在於每個空間，只要我們去看、去感受，這些豐富的資源，就可以為我們所享所用。

當我碰上奸詐之人、諸般不順心之時，我總是記起了那一刻，清楚的知道「真我」在心中。奇妙的是，每當我保有純真、赤子之心，一切的危急、險惡，頓時間化險為夷，就算是遇到再難解的事情，如果我能以一顆純真的心，繼續前進，就能從中學習，獲得經驗，無愧於心的勇往前進。

我不曉得那一刻的感動，能夠支撐我多久，但我很清楚地知道那一刻，湧起了一種澄澈清明的領悟：赤子之心，能散發一種純粹的力量，可以帶領我們衝破難關、化險為夷！

·光明的力量可以擊倒一切黑暗的事物。

·不要讓真我躲在陰暗處，躲久了藏汙納垢，洗也洗不乾淨。

·要用什麼價值去評斷一個人呢？世俗人看財富權勢，心中有信仰的人看真善美。

·黑暗能掩蓋花朵的芳香，掩不住花朵的芳香，一個赤子之心的人亦然，挫敗可能暫時挫折他，卻永遠傷不了他。

·純真的力量來自愛，愛的本質是給予。

2-2

我如何突破人生中的困境

我工作三十餘年，透過創業與投資，雖然得到不少收穫，但是其中的過程，說起來大部分還是相當困難與晦澀的。

在我事業途中，至少有陷入兩次十分嚴重的困難。

這些實際的人生經歷，真的血淚斑斑，有道不盡的心酸。可是每次當我不知如何解決困境，感覺自己即將崩潰的時候，總有不同形式的曙光照亮我的路徑。

我想，我的確是非常幸運的。

第一次事業困境時的曙光

第一次的困境，大約在二十餘年以前，那時我首度創業，自己單槍匹馬搞電子零件生意。我與亞洲的公司合作，東試西試，試來試去都沒有特別精彩的成果。大概整整兩年沒有收入，只能靠先前的一些積蓄維持家用。

人生的歷練常常充滿挑戰，就在我最窮困、最緊張的時候，我太太懷孕了。我一方面很高興自己的家庭添加新成員，即將更加熱鬧；另一方面卻苦笑自己，屋漏偏逢連夜雨，沒有錢又最需要資源的時候，太太都會懷孕來添加負擔！

孩子出生的那年，我的生意還碰到幾個客戶欠錢倒閉，摧殘了剛剛開始萌芽的生意。初次作生意的自己，空有滿腔熱血與幹勁，卻缺乏資源與經驗，所以搖搖晃晃的總是無法迅速進步。幾年下來，雖然我還勉強維持美國加州的基本生活，但實質上按照矽谷的標準，我大概算得上是一窮二白、家徒四壁的貧戶。

事業不順、孩子出生、收入不足、壓力龐大，還是菜鳥的自己，每天感覺十分難受，陷入了一段有點像是很沮喪的憂鬱時期。我不曉得別人的憂鬱症是什麼模樣，我倒很清楚自己那種無神無力，天天唉聲歎氣的樣子，怎麼看自己都不喜歡，只有我樂觀豁達的太太天天支援我、鼓勵我。

健康的人看到別人頹喪，很容易以自己本位的角度加予批評，或自以為是的給予激勵。頹喪的人，也許感謝這些意見，但不見得真的聽得進去；就算聽進去，也不見得進得了心中。我那兩年就是在這種意識恍惚的情況下一天一天每下愈況，眼看著鬥志就要消磨光了。

有一晚我在房間寫一份企業計畫書。愈寫愈覺得，如此瞎混，能再混多久？能混出什麼？當時想要將自己的事業做一個整頓，可是因為長期陷於精神頹喪之中，大多時候也只是想多做少，頗有「空乏其身」的跡象。長期如此左思右想卻沒有突破，每天擺一副怨天尤人的苦瓜臉。這時候，一歲的孩子爬進我的房間。

孩子的咯咯笑聲、可愛白嫩的稚臉、明亮無邪的眼睛……剎那間，照亮我整個人，那一刻，我整個人都開朗明亮了，我忽然瞭解，原來我擁有這麼多！我的身邊擁有這麼多的資源：孩子對我，就像太太對我，都是無條件的信任，無條件的支援，誰說我空乏？

從那一天開始，我整個人打從心裡改頭換面，萬分積極又勤奮的為生意打拚。以前的路走了走、碰到障礙遭到挫折，我就畏縮躲避。從那一天開始，我就知道，為了孩子和家人，我得去請教人家，找人家幫忙，而不再是自困家中，裹足不前。

從那一天開始，我學到做生意除了自己埋頭苦幹以外，更重要的是要走出去！

要去尋找夥伴，聯合資源，要讓自己痛快的好好發揮，而不是躲在家中想來想去。

從那一天開始，因為瞭解了自己的處境，看到了自己的豐富，我開始能夠輕鬆的放下身段與人家合作，說奇怪也真奇怪，我的事業開始順利。

那一天，孩子的笑容就是我的曙光。

他激發了原本就存在我胸中的能量。原來，我的能力被自己的狐疑與晦澀心情掩蓋停滯了，那道曙光驚醒了我，讓我看到自己這麼豐富的資源，迅速的激發了體內的潛力，在未來數年大大的發揮開來！

第二次事業困境時的曙光

度過初期的困難之後，我的事業與投資都漸入佳境。近十年中，我開了兩家小公司，平穩的經營事業的格局。當然，我心中始終希望能夠有機會建立一個更大的事業。

雄心壯志就在碰到老友，閒談之中拉開來。朋友邀請我與亞洲某個小集團合作。他告訴我，這家小集團的本業很好，許多創投公司都希望投資，但條件是不希望小集團只在舊日的小產業裡小打小鬧，而要大打大鬧。老友邀請我一起加入這家集團，為他們開創新的科技產業，帶動新方向，提高可能的上市價值。

缺乏社會經驗，又打滾不夠的我，聽到如此機會，想都不想就立刻答應了。當時我沒有任何概念，集團說會投資五千萬，提供廠房，我就跟著參加。不但參加，我還把過去兩個生意所賺的錢、房子的貸款，加上我向父母借貸的錢，全部押到這家新公司裡。

我還記得新公司成立的時候，又是記者會，又是新聞發表，自己光鮮得很，得意高興，似乎終於有了更上層樓的發展契機了！我更記得第一次董事會的時候，小集團的董事長擔任新公司的董事長。他叼根菸斗，前呼後擁前來主持會議，派頭十足。在那之前，我曾聽另一位前輩說過，這個董事長與這家小集團，當年完全以仿冒日本產品起家，非常缺乏商業道德。不聽老人言，吃虧在眼前。一心只想再創更大事業的我，根本沒將前輩的話放在心上，更不用說去徵信或求證了。

之後在董事會中，一位董事提出一個怪異的提案。後來我才知道這位董事是董事長的親戚，專門替他在董事會裡進行詭異操作，並擔任打手。沒有經歷這些陣仗的我，根本搞不清楚人家在玩什麼。

這位董事的提案，是說很遠的某處，有一塊很好的廠房土地，非常適合新公司未來規劃自己的廠房。他建議新公司撥出五千萬去購買那塊地，等未來土地升值了，或者蓋廠，或者賣掉賺錢。由老集團人脈操縱的董事會，很快地就通過這個議案，還謝謝董事長，因為這塊土地是董事長介紹的。

後來我才知道，原來這位董事長幾年前投機買了這塊土地，被套牢而動彈不得。他先投資新公司五千萬，然後動員董事會通過，讓新公司花五千萬將這塊爛地買入，一進一出，等於免費拿到一家新科技公司及其團隊，自己輕鬆的利用新公司募來的資本為自己解套。我當時還醉生夢死於新事業之中，渾然不覺。很多年以後，朋友們才告訴我，這就是最簡單的「五鬼搬運法」！

這麼一個合作，可想而知，不可能會有什麼好結果的。我從完全懵懵懂懂，到逐漸瞭解自己是在與虎謀皮，最終必須揭穿他們這種蹩腳遊戲，當我揭穿他們的不法財務運作及剝削股東權益的時候，老董事長立刻發動董事會的打手，對我以各種不實的資料攻擊撻伐，勢孤力單的我，吃了啞巴虧後，只能悶聲不響的退出。

退出該公司之後，以前的投資根本拿不回來。我透過法律程序想爭取，結果也像肉包子打狗，有去無回。自己先前十幾年努力的積蓄不見了，父母的錢也套進去，短短兩年內，耗盡血本，一事無成，我還剩下什麼？

我記得那個夏天，自己從亞洲回到家中，連續一個禮拜無法睡覺。想到所有的委屈、羞辱、憤怒、不平，好像是萬箭穿心般的疼痛。我不曉得別人有沒有在中年抱頭痛哭的經驗，那個夏天，我是貨真價實的體驗到了，這種經驗確實會將一個人活生生擊垮的！

這一次的頹喪，比十年前的第一次更嚴重，延續得更久。第一次失敗，也許是初生之犢不怕虎，總覺得還可以隨時再起。第二次遭人家暗算鬥爭清光，好像一個剛剛輸掉所有家產的賭徒，走在街上都想上吊算了，因為是否還能再起，都看不出來。

如此折騰了一個痛苦的夏天，我天天「呆」在家裡，足不出戶，不敢跟朋友聯絡。夏日假期快要結束前，孩子們回到矽谷，準備開始回校上學。這時候，我已經有兩個小孩。有天下午，我牽著兩個孩子的手，一起散步到他們即將就讀的小學。

那是一個溫暖宜人的下午，孩子們到了操場就開心的跑來跳去。我頹喪的坐在旁邊，看他們歡樂嬉笑。兩個孩子，玩著玩著，忽然決定要爬竿了。

我從小就很會爬竿。長大以後，身體變重了，爬也爬不上去了。孩子們要爬竿，我當然十分小心，趕緊跑到底下守著，大聲的問他們：你們可以嗎？行嗎？很危險啊！

我看著他們努力向上爬。出乎我到意料之外，兩個纖瘦的孩子，一下子就嘻嘻哈哈的攀爬到最頂點了！

我非常詫異，心裡總覺得孩子們好小，需要保護，沒想到他們根本視長竿為無物，輕而易舉的就攀登高峰，顯然我對孩童的本能與潛力並不瞭解。

原來，愈大的人愈會為自己設障礙。我記得小時候我也很自然而然的就會爬竿，而且爬的快又高，和他們現在一樣。只因為長大了、嚬位變了、自己不能爬了，便也以為小孩不會爬。我把自己理所當然的理念套在小孩身上，沒料到，爬竿這件現在對我來說十分困難的事情，對小孩十分容易，且簡直就是不放在眼裡！

又一道曙光點亮我的內心。這道光非常強烈，將我從悲傷的情境中踢出，再度給了我生命的能源！

失去的都失去了。我已經一無所有，我還有什麼損失的？還有什麼好愁眉苦臉？何況，我還擁有了全世界最美好的東西——我的家人。那麼，我為什麼還需要整天作繭自縛，老想不開？

當一個人覺得自己一無所有的時候，他連自己身邊有什麼都看不到。如果他夠幸運，張開了眼睛，而能夠看到自己是何等的豐富充沛，他就會知道自己擁有的好東西數都數不完。那個夏天的最後一個禮拜，我好像睜開了眼，內心充滿感激，充滿恩情，充滿激動的力量。

那道曙光是什麼？就是不為自己設障礙，對自己現有的一切湧起自然的「知恩、惜福、感謝」的心情。它破解了所有的不幸，沖淡了所有的委屈。我是個幸運的人，我曾經擁有，我現在仍然擁有！財富名利雖如過眼雲煙，但我仍擁有來自天地間人性的關愛。所有的能量激勵，都從這一個認知與轉變再度開始。當你瞭解自己除了錢、財、名、利以外，居然如此富有的時候，什麼壞事都擋不住你了，什麼壞人都對你起不了影響。

以後的十幾二十年，我又非常順利，也十分幸運的做成許多好生意，好投資。每次收到一份股票新上市的通知，我第一個念頭就是想到當年夏天在小學操場的那一道曙光，孩子們爬竿爬到頂端時，帶來我信念態度改變的那一道曙光，那一道改變我下半生的曙光。

那一天以後，我進入了一個新的境界，我知道那是一個任何別人再也拿不走的境界，就是我的「超快樂」境界。

「超快樂」就從「知恩、惜福、感謝」開始

朋友們，人生不如意之事十之八九，遇到問題時，不要鑽牛角尖。每個人都會有不順遂的時候，不順遂的原因很多，無論什麼原因，這些不順遂總是帶來煩惱、

懊喪、氣憤、失望。

遇到棘手的問題，總是會花人們許多時間和精力去想解決方法，在那種剪不斷、理還亂，愈鑽愈深，愈想愈偏的狀況下，很容易讓人想錯方向，失去方寸。一旦方寸盡失，原來的問題不但更加放大，原來的嫌隙也更加深刻了。如此一來，要解決的問題不但沒解，反而更加棘手。

這時最好的解決方法，就是安靜下來，幻想心中有一道光芒，將內心照亮。這道光，不但會將內心的齷齪照亮到無所遁形，也會將自己內心中埋藏許久、不曾被發現的寶藏照出全形。

藉由光的力量，或者可以說是安靜、自省的力量，我們可以清楚發現那個始終純粹的自己。當那個純粹的「我」出現了，外界或別人的眼光就不再重要，你也不再需要為迎合他人而迷失自己。如此一來，你的決策、思考、作法，都只是依著事件該有的合情合理的方向去處理，而走向一個健康正確的道路。

朋友們，張開你的眼睛，你就會看到你的曙光，你會知道你自己有多好，有多幸福。記住：當一個人覺得自己一無所有的時候，他連自己身邊有什麼都看不到。當你看到了，認知自己局勢了，你就會進入「超快樂」的境界。「超快樂」就在自己的身邊，在自己的心裡。「超快樂」，就從你對周遭認知「知恩、惜福、感謝」的那一刻開始，不必看遠想遠，福氣全部都近在咫尺，伸手可及！

- 清晰的去看自己，會清除一切聰明機智所造成的障礙。當我們去看自己，也就是去解決問題。
- 想要改變人生，首先要相信：你做的到！
- 悲觀的人認為沒有希望，於是什麼事都沒不做；樂觀的人不斷去嘗試，機會增加了，成功機率也就大了。
- 當你願意坦誠接受指導，你不是變得軟弱，而是更加堅強。
- 小心，得意激情之時，也就是失意灰心之始。

2-3

從此刻開始重新看待自己

莊子《逍遙遊》裡有段〈鯤鵬寓言〉：

「北冥有魚，其名為鯤。鯤之大，不知其幾千里也。化而為鳥，其名為鵬。鵬之背，不知其幾千里也；怒而飛，其翼若垂天之雲。是鳥也，海運則將徙於南冥。南冥者，天池也。」

根據陳鼓應教授的解說：「北冥」、「南冥」、「天池」都是在形容人類所無法達到的廣寬境界。「鯤」、「鵬」則在影射人能夠以絕對自由的精神、無所束縛地在廣大宇宙中縱橫馳騁。

如果將這段寓言應用到我們每個人的身上，正意謂著：人人可以是巨大的鯤或鵬。倘若你因為受到內在或外在的因素影響而自我設限、固步自封，我在這裡要跟你說：請重新看待自己。其實你的本質是無可限量的大鯤大鵬，如果有心之人故意將你貶低成小魚小雀，但那完全不能改變你是大鯤大鵬的事實。你不知有幾千里寬的雄心，你不知有幾千里廣的壯志！魚雀都可有鯤鵬雄心，你當然也可以憑努力而展翅高飛，再遠再難的北冥、南冥、遙不可及的天池，都是你可以開展的目標。

當你的環境或條件不足時，或因受到欺壓而無法施展時，許多人會自慚形穢或自我退縮。莊子嘲諷地說：「小鳥自己說，飛不上去，回落地面就算了，何必像大鵬般一舉九萬里飛到南海呢？」人的成就，大多綑綁於自己的短見與偏安。

莊子一向被認為是「無為出世」的大師，連他這樣的智者，都以隱喻的話語來鼓勵我們：以入世的雄心，自由自在的發揮。我們更不應貶低自己，看輕自己。

豪情壯志，是需要適當的環境與條件的。順勢發展時，機會一定有。問題是，當機會來臨時，你自己是以小魚小鳥的心態去看它，飛到小花草間就沾沾自喜？還是以大鯤大鵬的無限雄心智慧，去把握機會，鵬程萬里？

火把往下垂的時候，火還是會使勁地往上燒

朋友們，人人可以像大鯤大鵬般地縱橫馳騁、遠遊高飛，端看我們怎麼看待自己。時機常常會出現的，機會來臨前，我們需要「怒而飛」，也就是努力振作。記住：火把往下垂的時候，火還是會使勁地往上燒的。

「海運」指的是海動起來，海動起來就表示開始刮起順勢大風，也就代表大鵬抓到了順勢成熟的時機，條件充足了，可以乘風而去。「海動起來」促使大鵬一飛九萬里，朋友們千萬不要自我困窘於小鼻子小眼睛之間。

人生的局勢是一直不斷在變化的，我們需要的，是一道可以幫助我們點破迷津、穿透黑暗的曙光。你我經常被周圍的黑暗籠罩侵蝕著，在努力的過程中，迷失了原始的自我。若長期處於井底，容易演變成小魚小蛙的心態，遇事推拖諉過，矮化自己，忘了隱藏於內，大鯤大鵬的本質。

- 失敗只代表此路不通，並不代表無路可走。
- 治療灰心沮喪最好的方法，就是再試一次。
- 人要試過了才不後悔，錯過了總是後悔。
- 在失敗中崛起的人，才能體會生命的甘甜與美好。
- 如果目標確定，就給自己一個勇往直前的責任，相信自己的能力沒有極限。
- 小溪流加入大海，才能奏出奔騰海樂，人也需要適時的環境成就目標。

2-4

領悟後的行動：邁向「超快樂」

我自己多年來觀察後發現，無論在家庭、職場、市場、辦公室……這些自我蛻變、追求上進、自我改進的方法，其實是萬流歸宗，都需要建立在每個人的「外在表現」與「內在智慧」上。這兩樣東西，其實又是一體兩面。

外在的天天最佳表現，必須建立在內在的豐富智慧上。

外在的成功快樂表演，必需靠綿延不斷的內在「超快樂」來支撐。

外在的「最佳表現」與「超快樂」，是每一個人對外與對內的自我期許，是大家每天起床後對自己的許願與承諾。不只是對他人表現，更是要對自己表現。希望自己每天起床後，都能夠極致發揮自己的所長與特點，淋漓盡致的全力表現與學習。

沒有人會無緣無故告訴自己，今天起床以後要做個次等或三流的自己。問題是，往往上班之後，馬上就會接二連三地碰上問題，阻撓自己的最佳表現。

所以「超快樂」的起跑板，就是：

一、當周圍的競爭者都與你條件相當，各有特色，甚至平分秋色時，一個人是否能在「恰當的時機時刻，發揮出最佳表現」，就成了他與眾不同的分界。每個人隨時都會遭遇挫折，挫折多了就成了籠罩你身邊的黑暗。如何培養你輕鬆處理挫折，隨時突破黑暗的能力，帶動自己愉快光明的心態，去展翅飛翔，發揮最佳表現，就成了必備的內在智慧。

二、只在自己內心啟動智慧，只讓自己天天最佳表現是不夠的。真正長久雋永的最佳表現，必須透過你像太陽般，將你的智慧散播傳達出去，讓你周圍的人都享受你所散播的曙光與溫暖，你的智慧成就，才會有意義。這一份新的態度，若能經年累月的執行，將幫助你更加受到眾人愛戴，受眾人信任，而你自己就更可以永別黑暗。

超快樂與不快樂之間的差異，就是一道曙光。

前面說的一道曙光，可以解說為「一念之間」，也可以詮釋為「態度」或「心態」。這些描述都正確，也都適用。我們本來就知道，所有人生的好壞、成敗、高低起伏，都可以用態度與眼光的調整來改變。

西方有句諺語：「如果你不喜歡現況，就設法改變它。如果你改變不了現況，那麼就設法改變自己對它的態度與意念。不管你怎麼做，就是——不要再抱怨了。」

問題可能不在於改變自我的態度與意念。問題反而在於，改變的能力是否可以經常性地取得，能否長久持續下去？如果你可以在每天的生活中，用超快樂的態度來處理每件事情，我敢保證，你可以永遠在混沌迷惘的時候，隨時找到提醒破解問題的曙光！

如何經常性地去求得改變的能力，並且持續下去，獲得超快樂的曙光，讓我們需要時可以有求必應呢？我的答案是：「曙光存在每個人的心中，它是你的原始智慧，加上日積月累學習後的基本核心智慧。」

這些智慧，始終累積在心中與腦海，等待我們去挖掘。只要你的性靈智慧，不被生活裡汲汲營營的花招埋沒，只需安靜片刻，讓心中沉澱雜質，便能全盤啟發。

曙光早已存在，我們只需要去發現！

仔細思考我們的功課應該是什麼？不是拚命去尋找曙光，因為它早已存在。我們需要做的，是訓練培養自己看到曙光，認識曙光，接受曙光的智慧。

這份醒悟，將啟動你的無限未來。

一、如何開啟曙光的智慧與習性？

如何培養曙光的智慧與習性？最好而絕對有效的方法，就是「自省」。透過自省，你就能夠接受鼓勵，從別人的建議中啟發內涵、開啟智慧，開始見好不見壞，見光不見暗。

我們應該用開闊寬廣的心去迎接每一道曙光，也許曙光是一句箴言、是朋友的一番鼓勵，或是一部感人的電影、一本激勵你的書……這些都是你要經常不斷去吸收接觸的正面智慧。它們就是你的順勢大風，你再起的機會。曙光只有透過真誠的自省，才能全數進入你心中，啟動你的智慧。

二、如何成為智慧富翁，做自己的「超快樂生活大師」？

迎接每一道曙光之後，需要再進一步，成為一個能帶給他人光芒與溫暖的人，如此一來，你將會更成功更快樂，進入自然的「超快樂」境界。

我常在電子郵件中與朋友分享，要讓自己的生活與工作充滿意義、每天帶勁，最好的方法，就是將自己定位成一個發射光芒塔臺、一個傳播溫暖的人。這是最徹底的破題與醒悟：成為一個智慧大富翁，超快樂的生活大師！

- 幸運伴隨著心中有愛的人，一旦只為了一己之私，幸運就立即與你分手。
- 生命的旅程中，得意需盡歡，失意莫悲傷，人可得志，不可失志。
- 經過大海的經年洗禮與磨練，才有鵝卵石的光滑與美麗。
- 只要不忘記自省，人生永遠沐浴在光明中；只要沐浴在光明中，人生就有源源不絕的力量。
- 人生是旅行、是等待、是重逢、是眼淚、是歌聲、更是溫暖陽光。
- 人生貴在有閱歷。

2-5

問問自己為什麼不快樂？

回來台灣，發現大家痛苦指數升高，周圍的人很多都不快樂。我想這些不快樂的趨勢，大概反應了周圍環境與人們的心思與需求。停留台灣的兩個禮拜內，我看到了電視上最熱門的二個極端新聞，剛好可以詮釋人們心態窘困的現象及原因：

一則新聞是講企業大老，如何有計劃地掏空集團資金得逞，潛逃出境；然後主題圍繞在他們父子之間如何恩斷義絕，以及督導機關如何後知後覺。

另一則新聞是講財閥世家子女婚禮，他們的禮服首飾何等昂貴罕有，他們的宴會如何冠蓋雲集，新娘岳母如何的穿金戴玉。

這樣的事情，二十四小時連番轟炸，在人們眼前耳邊大聲播放，緊追不捨。如此戲譜，每一兩周就會更新，每一陣子就會有新的戲碼出籠。台灣的朋友告訴我，他們就是在這樣的電波中一天一天疲倦地度過。試想，每天在這樣的環境中被轟炸，如何快樂得起來？

幾年前我出版過一本暢銷書《成功還不夠，快樂才是至寶》，當時激起很大的迴響。我在書中談到，人們不快樂的原因，總不外乎幾個原因：

- 缺乏安全感
- 喜歡比較
- 得不到尊重
- 無法充分發揮

讀者想想這兩椿不斷渲染的新聞帶給人們什麼樣的影響，是否只會讓道德更淪喪、貧乏的人覺得更貧乏。年輕人得到的訊息是：抄捷徑的奸猾之徒可以鯉躍龍門，狡計遮天的詭詐可以讓人得意，有權有勢的人可以耀武揚威……這些不都是帶給人群「缺乏安全感」、「喜歡比較」、「得不到尊重」，以及「無法充分發揮」這四大問題的組合或延伸，也正是造成許多人無法快樂起來的「不可抗拒外因」？

天地之間，好多事情類似這兩樁新聞，愈是看、愈是聽，就愈容易去學。我們無法制止新聞過度的轟炸，至少可以選擇不被影響。能不被影響就能保有自己，就能夠更瞭解自己需要什麼，滿足自己的需求才知道快樂是什麼。尋求快樂，人人都會，並不需要走遠路，快樂的基因與動力就存在眉心之間。

快樂不快樂，都是一種選擇！

為什麼一些貧窮國家的人，物資缺乏，生活品質低，教育程度不高，卻反而都很快樂？我們來探究快樂的本質是什麼？

一、從他人身上得來的快樂

受人稱讚，就好開心。被人羨慕，更是沾沾自喜。

受人忽略，就難過的要命。被人輕視，難免痛苦氣憤。

當新聞大肆渲染財閥子弟婚禮的鋪張奢華，如此的事件，其實不是什麼重要的新聞。說穿了，不過是彰顯一種「炫耀文化」。我們來探究一下，「炫耀」的潛在目的是什麼？習慣從他人的羨慕或妒忌中得到滿足，就是炫耀的本質。這麼做也許是不知不覺的，也許是刻意的，但是總的來說，「炫耀」與「分享」的動機是截然不同的。我們絕大多數人天天追求榮耀，不知不覺地習慣炫耀，經過炫耀而得到的滿足與快樂，是快樂最基本的方式之一。

想想看，我們從小追求父母師長的認可，唸書追求同儕或異性的相傾與信任，然後上班、創業或當官，每天追求社會的認可。不管是否有自覺，從他人身上得來的快樂，幾乎是快樂的原動力。這些動力促使我們要做得好，要做得成功，要做得出人頭地，這些通通都是正面積極的人生基礎。

只不過這個基礎，起初帶來進步成功，到了某種程度，就變成負擔及委屈。因為這個基礎，常常是建立在需要別人的認知及認可上。

事業成功做大的時候，與朋友一起，痛快聚首、豪氣干雲，走到那裡都有人熱情招待。這種建立在別人身上的快樂，一旦從雲端墜落，快樂又在哪裡？

我們天天寄望於他人的認可，天天努力著，天天潛在地盼望著快樂，然而，依賴從他人身上得來的快樂，短暫又不可靠。

二、靠外力得來的快樂

現代社會罹患憂鬱症的人愈來愈多，年齡層愈來愈低，各種行業人都有。人生路上，難免起伏，有太多會讓我們憂鬱的事情了。如果將每個人一生中要碰到的暗流、競爭、敵人、挫折、失敗、痛苦……通通加起來，我想每個人都會罹患憂鬱症。

但是還是很多遇到嚴重困境的人，活得好好的，為什麼？

因為他們知道要讓自己生活在關懷、親情、友情、鼓勵的氣氛中，這些東西不必花錢，隨手可得。靠著外界給我們的力量，我們得以在困難中看到曙光，逆境中獲得快樂。

上天非常公平，條件比你好的人快樂不一定比你多，能夠幫助每個人滿足快樂的外力，大家都有，都可以取得。問題在於，並不是每個人都知道快樂的外力，更不會去運用，甚至感謝這些免費的力量。

一場演講，一本好書，一曲美樂，一部好電影，一段刻骨銘心的談話，或許就能幫你通過幽谷。我們只需要做一件事，張開你的眼睛！

三、自給自足的自得其樂

不久前，我參加一場年輕職場的座談，透過細密的對話，我發現那群充滿雄心壯志的青年人有一個共同現象：他們什麼都要。

他們要像前輩們那樣成功，但是也要輕鬆的生活品質，不要太多辛苦的過程。

他們要巨大財富，但是不希望活在壓力鍋中。他們要美滿的婚姻，可是不確定自己的選擇會是世界上唯一的伴侶。他們要社會名聲與眾人喝彩，但是不接受伴隨而來的責任及負擔。

他們天天很忙，電話不停，會議連連，自認充實。在偽裝的充實感下，我問他們，是否知道自己正往對的方向走？是否快樂？他們一時答不上來。

豈止是年輕人，同樣的現象也出現在商場老手身上。

許多旅美朋友，覺得應該留在台灣或中國，才有更多發展。許多亞洲的朋友，覺得應該加把勁到國外留學，事業可以更大。失去的機會，浪費的時間，溜走的富貴，沒抓到的社會地位，這些天天留在腦海的遺憾，只會吞蝕心靈。

天下沒有解決不了的難題，除了少數像先天殘缺或後天意外等不能解決的問題外，大部分問題是可以靠努力、靠轉念，甚至靠金錢或者其他資源去解決突破的。人的不快樂，有太多來自於自己的迷思與放大。

你會發現，人天生具有為自己創造自給自足快樂的能力。知識不夠，知道要學習；肚子餓，知道要進食；疲倦了，知道要休息。不快樂的時候，當然也知道要想辦法看開，迅速養成克服它的本事。

快樂是一個「習慣」、一種「習性」，任何人都可以培養，隨時取得，只要我們有非常清楚的認知：

一、承認並接受世事多變。這世界上唯一的不變就是「變」。不必多看，光是看看政治人物的起落變化，或是看企業的朝代更替，昔日光鮮人物變成今日過街老鼠，過去的工廠黑手變成今日的媒體寵兒。人生好壞的起伏，隨時可能發生。

如此認知，會讓你知道無法依賴從他人身上取得的快樂，只能隨時養成自給自足的快樂習性。

二、知恩、惜福、感謝，把握當下。「知恩、惜福、感謝」這六個字，在我寫了五年的專欄中經常出現，因為它真正管用。所有的不快樂，都可以在這六個字前面煙消雲散。再貧乏的人，也還有自己。再痛苦的日子，也還有新的明天。再困難的情況，也還會有轉變，只看你自己如何去看待，如何去處理。

這種自給自足的自得其樂。不管外界如何看你，你不再依賴他人；不管是否資源豐富，你不再依賴物質來填補空虛或製造假像。用感謝的態度對待每一個人、每樣事情、每一時刻，然後瞭解到做一個獨特的你真好，獨特的你真有價值，這是快樂！

・生活中的強者，不是他權力財富有多大，而是他沒有煩惱，能夠比別人容易快樂滿足。

・事業要鍥而不捨，每前進一步，就會更接進成功一步。

・快樂要感謝惜福，每增一份意念，就會更添一份美好。

・不要在幻想中求心願，要在做中求，慢慢實現心願，便得滿足。

・以淚洗面，不如以淚潤心，用愛關注自己與身邊的一切。

・你想被人選擇，還是選擇別人？你想感謝別人，還是被人感謝？

・鋪路石和絆腳石是同一塊石頭，卻因為作用不同，被人不同對待。

Lesson 3 我們常是自己最大的障礙

超快樂基礎是：看到自己的好，認識自己的長處，
因為我們經常是自己最大的障礙。
所以，要取得超快樂，進入超快樂的境界，
其中一件要做的事情，就是除去心中的阻礙。

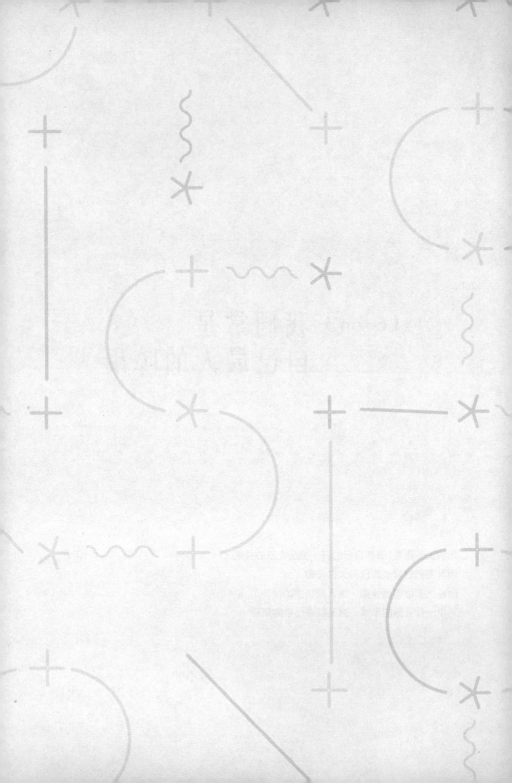

3-1

要看見自己的長處，而非過度在意缺陷

前兩章對「超快樂」提出了定義，也提出超快樂可以經由啟動個人內在智慧，調整個人態度與眼光來取得，人人可修，人人可得。那麼，既然如此容易，為什麼我們大部分人仍然不快樂呢？我想從自己的真實故事談起：

我在高中大學時喜歡跳舞，經常參加舞會。我就讀的學校及科系都是男生，所以舞會一向都是我們這些血氣方剛的年輕人，興奮地尋找女朋友的機會。

當年參加各式各樣的舞會，其實不僅只於單純的社交同樂，透過霓虹燈光與刻意塑造的舒適環境，我們還可以練習如何打破靦腆與尷尬。舞會中百態俱現的場景，有競爭、有遲疑、有奔放，是社會的縮小版。舞會後男生總是會聚在一起，

激昂地自我檢討，也檢討別人：誰跟誰跳舞最正點、誰最鳥、誰最大膽、誰最龜毛……。

我記得有一次在自己家中辦舞會。看到一位非常可愛的女孩子，我徘徊了好久，看到別人都在請她跳舞，愈來愈著急，最後終於下定決心，邀她共舞。與她跳舞時，她告訴我，其實她也注意我很久了，很高興我終於請她跳舞。我一聽之下，神采飛揚，開始得意起來。

我們邊跳邊聊天。我好高興，覺得今晚全場最漂亮的女孩子被我逮到了，待會要跟她要電話號碼，然後可以約會……愈想愈高興。

舞池中，我不斷稱讚她漂亮高貴，告訴她我很欣賞她。忽然間，她問我：「你覺不覺得我的牙齒很黃又不齊？」完全陶醉在幻想中的我，當然說：「不會啊！」我當時真得覺得她近乎完美。

我們繼續聊得很開心，又過了一兩支舞，她又狐疑地問我兩次：「你覺不覺得我的牙齒很黃又不齊？」這一次，我無心地反應，就看了一下她的牙齒。

咦？好像有這麼一回事？好像真的有一點黃？

那一剎那，原本完全沉浸在美麗氛圍中的我，注意力和焦點好像瞬間轉移到了她的牙齒。原本她不說，我還壓根沒注意到，她一說、重複地說，引導我把注意力也放到這個地方，於是我也開始愈看愈不對。

接下來的幾首舞曲，她開始跟我述說，因為體質問題，她的牙齒始終刷不白，對黃牙十分懊惱。忽然間，我好像什麼都沒看到，只看到黃牙。我開始覺得不對勁，不想請她跳舞，舞會結束，燈光打開，我更是躲著，我猜想她可能很失望，不過這已是許多年前的事了。

我們是否經常忘記自己的長處，放大自己的短處？

上面那段回憶，重點不在回憶年少輕狂的幼稚歷史，主要是想問自己，也問那位其實美若天仙的女孩，為什麼會撇開她所有的美好不談，只拚命談她微不足道、無人知曉的缺憾？

要取得超快樂，進入超快樂的境界，其中一件要做的事情，就是除去心中的阻礙。我發現，常常我們所碰見的最大障礙，就是我們自己。自己將自己看低，劃地自限；不知道欣賞自己，反而老是對外委曲求全，怎麼快樂得起來？不知道放手讓自己奔放發揮，而選擇看別人臉色，養成特意察言觀色的習性，怎麼快樂得起來？

「超快樂」的一個基礎，就是認識自己的長處，而非拚命地想著、在意自己的某些短處。

・相信獨一無二的自己，在天地間有一席地。相信你是一塊絕無僅有的稀世珍寶。
・誰都不完美，誰都有缺點，缺點並不可恥，不需極力放大。
・機會要抓住，不然會溜走，機會帶來命運。
・等待機會，永遠不會比創造機會來的快。
・好運從哪裡來？把握好每一個機會，就是好運。
・知道問題，立即改進，不必咀嚼吞嚥，讓自己陷進痛苦。

3-2

大膽揮灑自己的長處與優勢

我個人從事科技投資多年，經常直接或間接地參與企業併購案。在許多成功與失敗的例子裡，我對兩個案例特別印象深刻。

案例一：成功的光邏輯

有一個特別成功的案例是「光邏輯（Light Logic）公司」。早在一九九八年它初成立之時，我是這家公司光電零件的第一位投資人。

當初這家公司的創始人——法國博士馬克·佛地耶（Mrac Verdiell）邀請我投資，正是他信心十足，躊躇志滿之時。他非常希望我幫助他成立這個公司。我告訴他，光是我投資絕對不夠，還要有其他人一起來幫忙，資源才會足夠。他聽了我的話，到處籌資，過了兩個月，他來找我，說他到處碰壁，一毛錢都沒有募到。終於瞭解募款之難的他，垂頭喪氣、灰心的模樣，令我十分同情。

我幫他分析，為什麼明明產品與計畫都很好，卻募不到資金呢？在我的分析當中，發現他常常引用大量的資料，說得頭頭是道，理由充足，但是給人的感覺卻十分冷漠。我問他：「你以為投資人最在意的是什麼？最想看到或聽到的是什麼？」法國博士馬克．佛地耶回答：「他們當然最想要看到好產品、好計畫、賺錢的預估……」

我說：「沒錯。可是這種數目、預測、計畫，甚至說是吹牛，每個來募款的人都有本事表達，都有能力說得天花亂墜。你與他們有什麼不同？」馬克．佛地耶回答：「我當然有極大的區隔及優勢，我的技術獨特，我的產品優良……」當他又重複講起自己的專業優勢時，我揮揮手將他打住了。

我說：「沒錯，普天下的投資人都很在意市場、產品、技術。但是他們最重視的核心，應該是創業者本人及團隊。畢竟，事業是要靠人來做的。你與競爭者最好的區隔優勢，其實就是你這個人，其他反而是次要。」

馬克．佛地耶聽完後，恍然大悟。他其實是個十分有趣的法國佬，可是人家不知道，以為他是一個驕傲的老法。

有一次我與他吃飯，他喝到爛醉，把自己一生的事情用三個鐘頭詳細的告訴我，我覺得他是不可多得的性情中人。醉後我送他回家，發現他將自己的積蓄全部用來購買研發工具及測量儀器。也就是說，不管有沒有募到資金，馬克・佛地耶都要做下去。這種誰都擋不住的熱情，是最具有說服力的！

當他誠懇的，將自己毫無遮掩的呈現出來時，他的說服力比以前大了百倍千倍。很快地，他得到好幾家大型創投公司的大筆資金。

三年後，不景氣的二〇〇一年，馬克・佛地耶順利的將他的「光邏輯公司」以四・五億美金賣給了英特爾公司（Intel）。我是他的第一位投資人，這個案子的投資報酬率，超過了一百倍。

案例二：失敗的科技公司

前一個例子說明了創業家本身是最好的資產，但是水可載舟，亦可覆舟。第二個例子恰恰相反，創業家本人是整個公司最大的障礙，將一個原本充滿希望的企業弄的不死不活。

這是一家科技公司，我很早就認識創辦人。這位創業家向來就以特別難纏、自大驕傲著稱，喜歡壟斷權勢，讓周圍的人頭痛。他來找我投資，我很快就拒絕了。然後他邀另一位投資合夥人投資。這位合夥人瞭解這位創業家的個性，也拒絕了。這位厲害的創業家再接再勵，透過其他管道，找了一位沒搞清楚狀況的合夥人，將其說服。不但說服，還點名要我們一起共襄盛舉參與。我們耐不住朋友之間的互相支援，也就勉強同意。

一開始時機不錯，這家公司股票衝了上去了，有大企業提出很不錯的條件要併購，遭創業家拒絕。過了幾年，公司不進反退，愈來愈差，苟延殘喘的拖了好幾年，好的商機都成了泡沫。

發揮你的競爭優勢，找出你的最大強項！

法國博士馬克·佛地耶擁有許多長處，或許太多了，他並不知道應該特別顯現哪一個重點，結果他耗費了許多冤枉時間，做普通人也能做的事。

很多時候，我們只有一次機會，我們得讓最重要的資產先表現出來，挑出一項別人沒有的東西來發揮，他的最佳資產，就是他本人，這是別人學不來的。

案例二的失敗例子，讓人感嘆遺憾。大凡企業成長到了某個程度之後，不管是私人公司或上市公司，都很難憑藉自身的成長，繼續維持初期的高成長率。但是市場的競爭，是要求你不進則退。如果企業無法變成該市場上的前幾大龍頭，長久下來，只會愈來愈倒退。所以在企業的成長過程，併購購其他企業成了必須考慮的規劃與方法之一。

併購購案的動機包羅萬象，無奇不有。

若將它單純化，從買方來看，應該有五大原因：

- 需要所缺乏的技術或產品
- 需要人才或團隊
- 需要營業額或利潤
- 需要客戶或市場
- 也可能是需要現金或其他財務整合

從賣方來看，可以更簡單地歸納成三大原因：

- 沒有資金了而又可能無法迅速找到錢

・營業進度不夠，市場無法突破

・當然也有眾多賣家既有錢又有市場，一旦買價金額超過預期，就願意賣掉

許多併購專家與財務分析師都教導他們的客戶——尤其是賣方，一定要在適當的時候賣出，用最亮麗的長處，展現給買主，才有順利賣出的成功機會。但是大多數的創業家或企業家，總是選擇背道而馳，總在以下這些事實出現後，才將公司緊張的推到市場待價而沽：

・糟透了，沒錢了，也找不到錢了

・市場上閉塞不前、蹉跎良久、輾轉許久而無計可施了

・根本還沒有人來探問的時候

・不知強調已有的核心價值，只吹噓未來如何

・喜歡把沒有價值的東西，硬塞個價目

上述案例二就是一個最好的例子，該賣的時候不賣，等市場過去了，再也找不到買主了。想取得最好價錢的時刻與方法，基本上還是「發自人本，終於人心」這

個原則放諸四海皆準，大案小案都可應用：

- 最好的賣點是在：你並不需要賣出的時候
- 你可以自行生存成長的時候
- 你最亮麗，且已有人開始來相親的時候
- 你只需強調你現在已經擁有或已做到的
- 沒有價值的東西，不要再花時間去包裝它，就賣有價值的部分便可以了

所以說，企業成敗的原因、買賣股票的賺賠以及個人榮辱的原理都是差不多的。你對自己瞭解多少？對周圍的天時地利人和瞭解多少？得意的時候，知不知道見好就收，加強不足？低潮的時候，知不知道沉潛進修，另開他門？

做個超快樂的智慧大富翁，要先除去自己內心的大障礙。睜開眼睛，用和善寬廣的心看自己，也用平靜溫和的態度看別人。如此一來，便能拋掉糾纏的包袱，清澈的看見周圍的契機。

· 多行不義必自斃，這是千古不變的真理。

· 不經客觀查證，經由鼓動就任意相信別人，可能會帶給自己莫大的損失。

· 看似平凡的背後，也許有驚人的威力；看似驚人的前景，也許只是雷聲大雨點小。

· 墨守成規，不知變通，終究會被這個快速變化的世界淘汰。

· 當時機成熟，事物自然會顯現他的用途，要知道時機何時成熟？隨時保持澄澈之心！

· 被著羊的狼處處都是，多看多聽多留心，才是保生之道。

3-3

「超快樂」是要展現最好的自己

其實只要去選擇可以快樂的內容生活，就可以進入超快樂的境界，人們卻總是背道而馳。因而長期被一些小缺陷困擾，一心想克服那些小短處，搞得自己十分不快樂，有必要嗎？

你是否空有一堆長處，不知道讓它們發揮，天天哀歎，不斷修理自己？明明有許多才華與能力，藏著不用，天天羨慕、模仿他人，取己之短，攻人之長？試問：不讓真正的自己出現，卻老活在他人的標準裡，何必呢？這又讓我想到以下例子：

二十幾年前走紅的男星派屈克・史威茲（Patrick Swayze）和女星珍妮佛・葛雷（Jennifer Gray）合演了一部當年非常賣座的電影《熱舞十七》（*Dirty Dancing*）。除了電影中舞技的高超展現而大紅特紅外，許多觀眾非常喜歡剛出道的珍妮佛．葛雷，認為她可愛、清新、特出。影評家也一致推崇，認為她雖不算漂亮，且有個大鼻子，但很有獨特風格，都認為她會紅。珍妮佛．葛雷也認為自己的鼻子太大了，所以就花了大錢，忍受肌膚之痛，做了整型手術。手術後，她果真比以前美麗數倍，但是她隨後拍的兩部電影全部都告失敗了。

為什麼呢？影評家一致公認，珍妮佛．葛雷更漂亮了，但是觀眾不認得她了。觀眾原先記憶中喜歡她的原因不見了。從此珍妮佛．葛雷一蹶不振，連轉戰到電視都草草收場，還被電視台選為「十大自我毀滅」的藝人之一。

誰是「十大自我毀滅」的藝人第一名？

不用我說，讀者們大概可以猜到，就是麥可．傑克森（Michael Jackson）。這位曠世音樂奇才，將自己漂白，數十度變臉，把自己搞成四不像，弄巧成拙被認定為怪胎異類之最。

大家想想，歌聲如黃鶯出谷，蕩氣迴腸的芭芭拉．史翠珊（Barbara Streisand），如果整修她的招牌彎鼻，或許變得更加漂亮，但廣大聽眾還會疼惜她嗎？

現代的觀眾與市場要的不是「一致的完美」，他們要的是「真實的獨特」。如果一心只想像他人一樣美好，卻不知活用自己的特質，只會耽誤自己，害了自己。

從別人的不幸中得到教訓，雖然殘忍，卻十分實用！

朋友們，我們經常是自己的絆腳石！從別人的不幸聽取教訓，雖然殘忍，卻是十分實用的！

我們一生有很長時候不知順著自己的長處發展，老喜歡整頓自己的短處，其實整頓缺點遠比發展優點曠日廢時，事倍功半！

當然，這裡指的短處，是無病呻吟的挑剔。如果是個人行為上的短處，待人接物的短處，當然要立即更改。

・發揮優點，比改進缺點容易的多，也快樂的多。

・相信自己，才能將說服力傳遞出去。

・檢視自己的缺點要快刀斬亂麻，不要拖拖拉拉，耗費時間。

・與你心中的優點對話可以向上飛翔，不要被你心中的缺點蓋住而向下墜落。

・晴天時，陰影總是藏在身後；雨天時，晴天就會來臨。

・不用懼怕，苦難終會過去，端看自己能不能熬過去。

・做自己的主人，運用自己的影響力往正面美好的事物前進，你的人生就會更美好。

3-4

順應自己的長處去發展

我之前在網路上收到朋友寄來的一段話：

杯子是杯子，打火機是打火機。它們的條件不同，功能也不同。

杯子若是想不開，想替代打火機打火；打火機若是想不開，想扮演杯子盛水，那麼就是噩夢的開始！

這句話從佛家觀點來看，就是每個人都是一種器物，是器物就有功能。碗有碗的功能，樹有樹的功能；樹不能取代碗，碗也無法替代樹。那麼說來，人應該選擇自己最擅長、最喜歡的事。如果你喜歡木工，那就去做一個木匠；如果你的內心渴望從事醫療，那麼就去做一個醫生。堅信自己的選擇，不懈的努力，就一定能夠成功。

不要懷疑，這個世界是任由你自己去創造的。真正的成功在於出色地履行自己的職責，扮演好自己的角色，這一點每個人都能夠做到。做一個一流的搬運工，也要比做一個二流的其他角色要強。

也許我們從求學時期開始，就承受來自父母師長的壓力——為什麼別人考一百分，而你只考八十分？為什麼人家會彈鋼琴又會跳舞，你什麼都不行？由於父母的期許或師長的制約，我們長期在滿足別人的需求，證明自己具有他人認可的價值。

這樣的努力，偶爾可成，長久下來，會造成自己原形的迷失。因為如此的努力，違反了兩個大根本：

一、每個人本來就不一樣

要塑造自己成為某人，等於將杯子拿來當打火機用，是行不通的。若是我們無法承認這一點，恐怕就得天天生活在別人眼光、憂心忡忡、自我懷疑、自慚形穢的空洞生活中了。

二、對面的草，總比自己這一邊的綠

看別人總是比較簡單輕鬆，若對方生活愜意，不免興起羨慕。其實你有你的長處，他有他的優點，誰也不必羨慕誰。當你經常強調並且表現自己的長處，旁邊的人便會逐漸相信。你若自尋煩惱，成為自己的心奴，保證身邊的人只會一再看到你的短處。

坐這山，望那山，最後什麼也完成不了！

如何認識自己的長處呢？那要從認識自己開始。

馬克・吐溫說：「人類喜歡追求自己沒有的才能，似乎從中得到讚賞的價值，遠比已經擁有的十五項才能，還值得榮耀與敬佩。」

大家不妨做一個小實驗，進一步認識自己。

一、詳細列出自己「與生俱來」的長處

例如：長得漂亮英俊，老爹有錢有地位，身體強壯健康，腦筋聰明靈敏，口才好，朋友多，開朗……。

二、詳細列出困擾自己的短處

例如：長得漂亮英俊，老爹有錢有地位，身體不夠強壯健康，腦筋不夠聰明靈敏，說話太多，朋友浮濫，憂鬱⋯⋯。

（請注意，一個人的靈藥常是另一個人的毒草，有些看起來像長處的東西，也許會被列為短處，同一件事對不同的人，在不同的時間，會產生非常不同的效果。）

三、邀請一位你最信任的人，或認識你最久的人，就以上兩步驟，請他列出他對你的真誠看法

伴侶、朋友、同事都可以，他們或許無法完整寫出優缺點，或許礙於情面不好意思全盤道出。這時你可以請他們對你自己先前所列出的長短處，做「同意」或「不完全同意」，甚至「相反」的評鑑。

四、邀請一位與你初相識的人，或淡淡相交的朋友，就以上同樣的兩個步驟，列出他對你的真誠看法

他們更無法完整寫出，此時你可以請他們對你自己所列出的長短處做評鑑。大

部分不熟的友人，不願意得罪你，你不妨觀察他們對你列出長短處的反應，自行評估。

逐項過濾後，清算一下：

．有多少你自以為是短處的，人家也如此認為，或完全渾然不覺？
．有多少你自以為是長處的，親人卻覺得受不了，或完全同意？
．有多少你視若無物的事項，別人卻當成寶貝？

結果出爐後，我相信你會十分詫異，原來你自己長期擔憂的內心包袱，根本無人在意。反過來說，一些你自鳴得意的特質，卻完全沒人注意。

有一段話說：「人生的訣竅就是經營自己的長處。在人生的座標裡，一個人如果站錯了位置，用他的短處而不是長處的話，那是非常可怕的，他可能會永久地活在卑微和失意中。」

請牢牢地記住這句話：「寶物放錯了地方就是廢物。」認出自己的寶物，抓住它。你曾經將自己的寶物錯當成廢物多久了？你還想將自己的寶物錯當成廢物多久？

發掘、肯定、喜愛自己的長處，瞭解自己的長處，才是你真正的寶物。我相信，只要你全力搶攻自己的長處，久而久之，你周圍的人自然會感受到你的特點，因你的長處而尊重你。

- 你的長處就是老天賜給你的幸運符，如果不加以善用，你的人生就不會美好。
- 長處是一種上天的給予，一旦充分的發展出來，就是造福大眾。
- 把缺點放在身上，把優點揮灑出去，哪一種對自己有利呢？
- 借別人的好來誇大自己，終究只是短暫的，唯有自己面對自己，自己站起來，才是王道。
- 如果總是看缺點，就永遠是弱者。
- 保持人生美好的訣竅：就是永遠保持一顆樂觀上進的心。

Lesson 4 做自己最好的超快樂大師

不快樂的來源，有很多原因。
而我們要去發掘這些原因，並解決它們。
本章點出了大家不快樂的兩大因素：
1. 在工作場所長期未得重視
2. 人際關係不順，感覺受人誤解或遭人輕視
並且提供可能的解決之道。

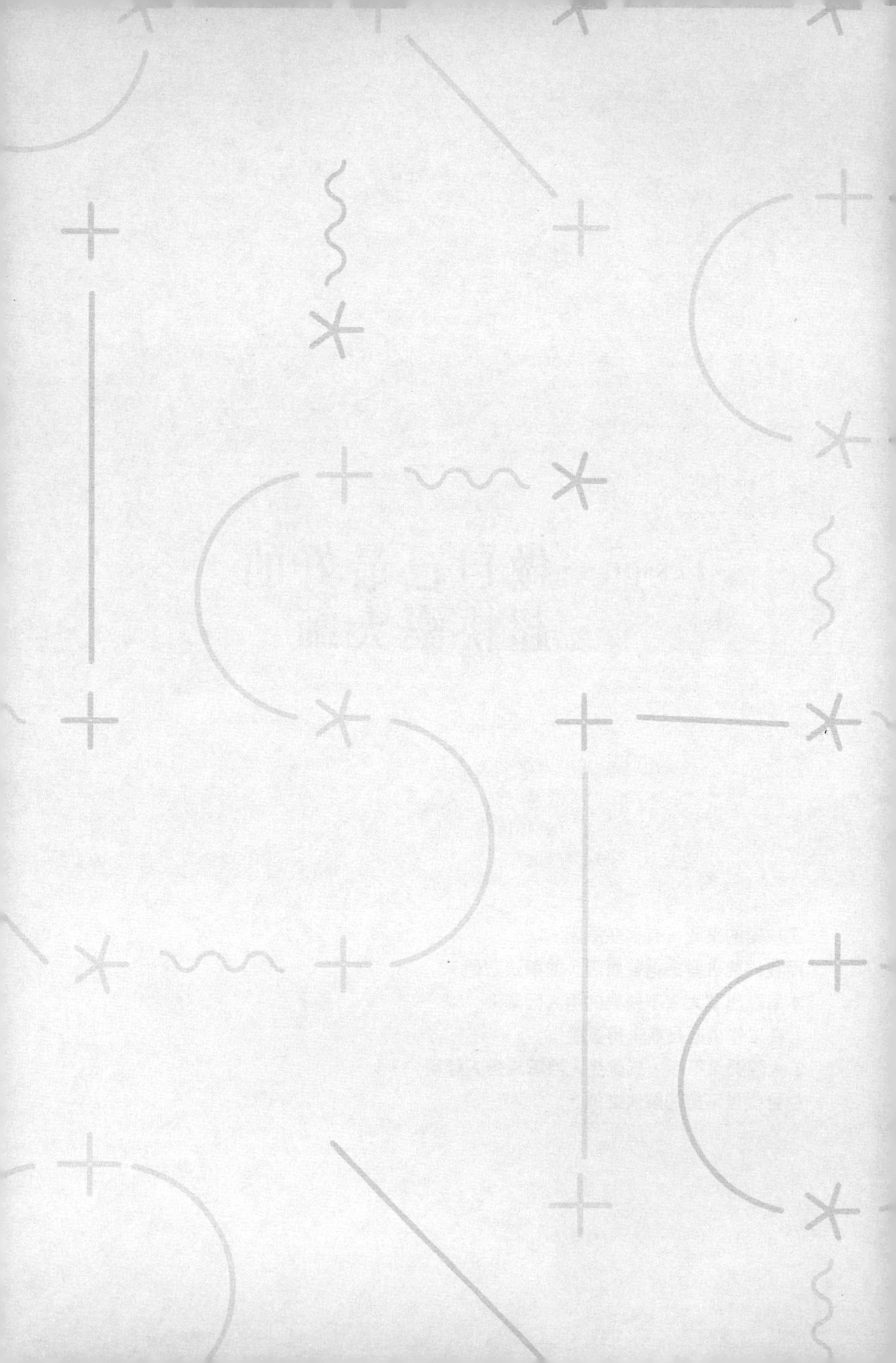

4-1

讓你不快樂的兩大因素

最近讀到一篇歐洲共同體所發表的問卷調查。這份問卷詢問了數千位不同階層的企業界人士，經過問卷調查大家不快樂與不滿足的原因，結果列出了出人意表的結果，其中前兩名如下：

‧在工作場所長期未得重視，未能充分發揮，長久違離理想，累積成最大鬱悶不樂的根源。

‧人際關係不順，感覺受人誤解或遭人輕視，包括家庭、朋友、社區，以及工作場所種種的利害衝突，如：意識不合或政治鬥爭。

這份調查問卷，相當準確地道出了人們隱藏在內心的殘害根源。

如果這項問卷調查的對象是青少年，可能結果會大相逕庭，排名最高的或許是男女朋友的問題，或同學間的激烈競合問題。

如果換成詢問家庭主婦或家庭主夫，排名最高的可能是夫妻家人關係不合，或孩子的健康與成就不理想。

這份問卷雖然是針對企業人士所做的，但問題似乎都指向一個眾人的共同點：當一個人長久無法發揮自己的內心價值，又長期無法取得周圍眾人的重視時，他必然在不知不覺間，日漸遭受內心侵蝕、殘害、終至沮喪鬱悶。

勝過別人，遠不及勝過自己重要

朋友們，解鈴還需繫鈴人，如果清楚殘害內心的毒素，將之破解排毒，就能做超快樂大師！

來自工作上的挫折感與不得志，最好的破解方法，就是從工作上去解決。不管你的工作是什麼，如果沒能在工作上取得某種程度的「歸屬感」與「成就感」，終究還是無法快樂的。

許多人習慣使用代替法，彌補工作上的不滿足與不平衡。有人會不斷說服自己：工作上的困難與問題，是別人的事、是老闆的事，下了班以後就與我無關。

好一點的，也許投入嗜好活動或社團組織，借用其他方面的成就來取代工作上的挫折感。糟一點的，不承認內心病源，假借麻醉的活動來逃避，如：喝酒、抽菸、開快車、狂罵……這種方式容易帶來更混亂的狀態。

不管採用何種方法，長期的「不得志」，絕對會是他們心中無法平息的痛。

其實將這個道理應用到工作以外的任何場所也一樣：

家庭、學校、團體、社區，一個人如果無法充分發揮能力，得不到歸屬感與成就感，就得不到尊重，得不到尊重，是很難快樂起來的。

．步步為營，就能求實；時時力行，就能求真。

．如果你具備堅定的信心、過人的素質、超人的毅力，而仍然在工作上不得志，那麼就是你該思考換工作的時候了。

．從鐵到鋼，從鋼到金，需要淬鍊。

．人際關係不是永恆的，需要時時維繫與留心。

．人際關係是一串珍珠，卻也可能成為炸彈引線，唯有以誠相待，光明正直，才能避免機巧者引燃炸彈。

．不如意並不可怕，可怕的是只會責怪環境與他人。

4-2

人生好壞是可以選擇的

企業人要成為真正快樂的生活大師，首先要瞭解，隱藏於心中兩大殘害自己的因素「工作未得重視」及「人際關係不順」，這兩大病毒，其實都可以破解。

現在的路行不通，換條路走吧！

做一些改變，給自己選擇的機會

不久前有一部電影，叫做《天算不如人算》（*Life or Something Like It*），由女星安潔莉娜．裘莉（Angelina Jolie）主演。電影中的女主角是位充滿野心的電視台女記者，她對現況非常不滿，一心想要離開現職，進軍全國電視網。

有一天她奉派採訪一位號稱「先知」的街頭流浪漢，當她以輕蔑的語氣採訪這位流浪漢時，對方提供了三、四樣未來的預測。她以譏諷的口氣在觀眾面前嘲笑這些預測。忽然間，先知在她耳旁告訴她：妳下週四會離開人間。她雖然感到混身不自在，但仍一笑置之。

可怕的事情來了，先知的預測逐一靈驗：棒球賽結果出現了跌破眼鏡的結果、天氣出現了反常現象、先知甚至準確地預報了何時何地會有地震，女記者嚇慌了。驚嚇之餘，她從初期的否認，到逐漸地接受，之後變成無奈沮喪。過去追求成功的意志力瞬間瓦解。她想，自己只剩下幾天可活，不知該如何，便躲在家中自暴自棄。

頹喪的她，這時回頭去找曾經互相痛恨的姊姊，看望許久忽略的年老父親，她才發現：原來，她與家人有如此劇烈的隔閡與誤解。她忽然瞭解，原來自己在他人眼中，這般沒有價值！這時有位好友真誠地建議她：「先知或許真有看透天機的本事，他看到了妳的路程，然而，縱使他看到妳未來的終點，他所看到的，也只是順著妳原來一路走的路徑。也就是說，他看到的，是原來的妳、是不變的妳、是老套的妳。先知看到妳的終點，是沿著那條老路走下去的結果。也許妳可以做一些改變，選擇走一些不同的路，說不定結果與終點就會有所不同。」

這番話提醒了這位電視台女記者，她痛定思痛，在走之前，她要完成一些以往該做而未做的事。另一方面，因為以為自己確實要離開人間，所以一切生活與工作內容都回到了真正的本質，不再一心想要成功成名。在這心態下，她化解了與姊姊的心結，兩人喜極而泣。她的父親拿出多年來因見不到她而錄影的紀錄，她的一舉一動，都是老父的寶貝，女記者感動不已。這時候，公司也傳來要升遷她為紐約的國家級女記者。

找回了親情的同時，事業的高峰也得到了。她要離開這個剛剛才找回的家庭價值呢？還是追逐偉大的新事業？當她決定回到故鄉與家人及愛人長相廝守時，剛好是星期四，街頭發生了意外，事件波及到她，但她卻僅受到輕傷。先知一連串的預言，終於在她改變以後破解了。電影提醒了我們，也許我們可以做一些改變，選擇走一些不同的路，說不定結果與終點就會有所不同，選擇好的人生來走吧！

選擇，是一連串邁向美好生活的開始

朋友們，有多少時候，你被人家畫了框、被侷限而無法發揮？

有多少時候，你遭人妒嫉打壓而無法施展？在工作場所長期未得重視，在人際關係不順暢，朋友，你想不想改變它？

「不快樂」與「超快樂」之間，是可以選擇的。人生好壞，也是可以選擇的。

・走對路，目標就近了。
・每個人都有一顆屬於自己的星辰，讓屬於你的星辰發光發亮吧。
・驕傲自大的貴婦看不見掃地歐巴桑的世界：後者經常意外發現角落裡的金子。
・父母長輩或許看得見前方，但那未必是你的方向。
・不能使自己與工作完全融合起來，就成就不了偉大的事。
・選擇自己想做的，即便辛苦流汗，汗水聞起來都是香的。

4-3

為自己打造「歸屬感」與「成就感」

超快樂第二個基礎，就是要練習去選擇，去找到事情與自己的關聯性。從今天起，選擇歸屬感與成就感，就會帶來超快樂。「歸屬感」與「成就感」是超快樂的必要零件之二。心理學大師佛洛依德說：「我經常向外尋找力量與信心，但結果力量與信心都來自我體內，它一直都在我體內。」

我與群體及社會的相關性有多少？

在黑澤明大導演的《生》這部電影，藉由一位衰老的公務員渡邊先生，探討人生的價值，不禁讓人反思：我們每個人應該怎麼過這一生？怎麼樣的生活與工作才算是充實愉快？

渡邊老人一生守在區公所做公務諮詢。他最會做的，就是將人們的諮詢與問題再轉推給別人，每天蓋章吃飯上下班，如此一做就幾十年。你說他忙不忙？他看起來天天忙？你說他有沒有貢獻？好像他也完成了政府給他的工作？但是當他發現自己罹患絕症後，同事關心的，只是誰來接他的職位！

渡邊老人一生最疼兒子，寧可自己節衣縮食，也要把最好的東西給兒子。他自己的工作庸庸碌碌，把揚眉吐氣的希望都放在兒子身上。你說他有沒有家庭的紮實基礎，好像也有？你說他是否有所付出？看起來真的很多？但是當他發現自己罹患絕症後，兒子與媳婦關心的，只是能否順利拿到房子與財產！

渡邊老人忽然發現自己一生似乎完全浪費了。他茫然地走到酒吧，不知不覺地在酒客與酒女之間唱出一首〈生命短促〉。

渡邊老人對自己吟唱這首歌，無奈的聲音隨著淒涼的歌詞，傳到在場的每個人的心中，所有的酒客與酒女全部自動停下、聆聽、有人因此落淚……。

〈生命短促〉

生命短促，
女士們，熱愛吧！
在鮮花之紅從妳嘴唇褪色之前，
在妳內心熱情熱潮冷卻之前，
對妳們這些不知明天何在的人而言……

生命短促，
女士們，熱愛吧！
在妳驚豔的髮束消失之前，
在妳心中熱火閃爍熄滅之前，
對妳們這些不會再有同一個今天的人而言……

讀者們不妨閉眼想一想，那種發現自己一生「無關緊要」的蒼涼感？那種「旁人似乎都向前而去，自己卻原地踏步」的悲傷感？

渡邊老人在絕望中得到年輕同事的啟發，瞭解他的相關性是可以主動去取得的，瞭解他的重要性在這個世界上是存在的。他在一生最後短短的幾個月，投入慈善公益，幫助窮苦孤兒，協助市區裡需要幫忙的區民。他一反過去推卸責任的常態，主動幫助區民取得公園的建設。公園完成後，大家高興慶祝時，他面帶微笑地離開了人間。他終於做了一些事。他終於幫了一些人。這是他的相關性（Relevance）。哪怕是小小的一件事。

任何人都需要建立與他人之間的關連性！

朋友們，不要去與阻礙你或看輕你的人鬥爭抗衡，不要設法去征服群眾，不要去改變他們來接受你或尊敬你。只要你調整自己體內的「歸屬感」與「成就感」，你就是贏家了！

理由很簡單。工作與人際是你生活的一大部分，這兩項都牽涉到他人。不快樂的泉源，來自其中的不平。如果你還沉迷於「自己有偉大力量，可以設法改變周遭人來順應你」的類似迷思，你可能得先醒過來。沒錯，我們每個人都可以或多或少影響他人，但是想改變別人，請先記得下面幾項事實：

一、每個人最在意的是他們自己，不是你

如果你想以自己的需求，去期盼他人來為你調適，你將會很失望。人們也許對你禮貌客氣，但如果你只是想到自己，很容易在不知不覺中被定型為一個自我標榜、自我尊大的人。

二、別將他人對你的「需要」，誤解為他們對你的長久喜愛

就算你贏得了他人對你的接納與讚許，你可能不知道，他們之所以重視你，可能只是基於「需要」。可能是因為你有他們需要的東西或能力，如此而已。很有可能，某一天，那一層需要又被別的東西或人物取代，你的價值立刻被完全否定了。

三、既然無法真正改變他人基於自己利益而出發的考量，剩下來的，只有從自己體內來掌控調整「歸屬感」與「成就感」

一部五十多年前拍出的電影，緩緩道出了今日仍可應用的社會歸屬感與成就感。朋友們，你的充實生活是什麼，你的快樂就在那裡。

黑澤明大導演的《生》這部電影教了我們什麼？每一個人都有他與周遭環境的相關性與關連性。永遠別讓他人告訴你，說你是「無關緊要」的人，永遠不要接受他人看輕你或忽視你。

超快樂進階的準備之一，就是要看你如何找到並建立自己的相關性。

・不會做選擇的人，就會被選擇。
・人不能像風箏，操縱的線總在他人手中，更不能像足球，被人踢來踢去。
・人不能主宰命運，卻可以主宰自己，自己改變，命運就變。
・人生下來是一片白紙，問題是你要用什麼顏色去填滿。
・人與人的連結會形成力量，建立與人的相關，你就是力量之一。
・人是多元方程式，有圓滿的解答，你付出去的，最後自然還給你。

4-4

建立自己與社會的「相關性」

先前我們列出了造成大家不快樂及沮喪鬱悶的前兩大原因：一、在工作場所長期未得重視。二、人際關係不順，感覺受人誤解或遭人輕視。仔細推敲，這兩大問題，其實不也就是個人與群體之間，「缺乏相關性」與「缺乏重要性」的一體兩面？

別讓自己與他人「無關」

我曾近距離觀察一個非常厲害的商場人士。在我五十多年的人生歲月、三十多年的事業裡，從來沒有碰過比他更厲害、更有手段的惡魔。但是我最終的結論是：

他實在是天底下最可憐、最可悲的辛苦人。

這位惡魔，是一位外表非常誠信，滿口仁義道德、偉大宗教的偽善者。內在卻是一位最會卡位，最會將自己放到權利中心，不斷設計各種方法手段貶低他人，提高自己的惡人。

讀者們聽聽這個觀察，然後閉上眼睛想想看，周圍是不是有一些類似這樣的可憐惡魔？

這類惡魔到了一個群體，第一件事情就是本能的盯上群體裡最強的人，或是最有實力與影響力的人。然後噓寒問暖，從早到晚守在強人旁邊，獻盡慇勤。不是陪伴爬山，就是遊走家人之間協助許多雜事，直到安全的被強人認為是心腹。如同小說裡描述皇后身邊的太監，現實生活裡，只不過是以商場紅人之姿出現。

一旦得權，他開始剷除對他有威脅的人，尤其是愈有能力，愈有才華的人，更遭忌諱。我記得我與另一位好友創辦了一個俱樂部，吸收了許多人才，其中不乏名人強人。對這位善於玩弄權勢的惡魔來說，俱樂部正是他鯉躍龍門，一夕竄紅的絕佳機會。他使用各種手段，將自己變成這個俱樂部的中心，將原來篳路藍縷的經營人士一個一個貶低逼走，自己搖身一變成為大家的焦點人物。

我有好幾年觀察這個人，發現了他是一個利用強勢狐假虎威的偽善者。後來我漸漸發現，他真的是天底下最可憐、最可悲的人。

他的生活品質好壞，得仰仗強人是否接納他。如果強人捧紅他，他就得意洋洋。如果強人打個噴嚏，忽然間不理他了，他就立刻從雲端上摔下來。這樣的生活，有什麼值得羡慕？他是否天天擔心有比他更強的人，會搶走他的風頭？

他的工作戰戰兢兢，緊張緊繃。由於本身沒有什麼內容，沒有什麼真正的本事，天天都在重複或反芻他人的東西，偷竊成了最重要的事情。如此的行徑，活像是松本清張筆下所寫的《砂之器》，以沙粒雕鏤包裝的飾物，風一吹來，立刻就散了、垮了。這樣的人生，有什麼值得羡慕？

但是仔細看看我們的身旁，這樣的人卻到處都有。他們缺乏安全感，沒有自我信心，總需要周圍的讚許與認可。由於缺乏真正的內在，變成必須不斷自我膨脹，不斷截取他人的努力，加深自己的價值。

他們的共同錯誤，就是誤以為要讓自己成為強人前的重要人物，就得踩在他人頭上，犧牲別人，使得別人變成不重要。換句話說，這種可憐的惡魔，終其一生都在絞盡腦汁，想盡辦法，讓自己在主子跟前變成寵物，讓自己在強人腳底變成親信。

他們不曉得，只需要順著自己的本性，找到自己的核心價值與貢獻就可以了。我們周圍的人，很多人如同這位惡魔，正在錯誤地運用「相關性」。

錯誤的相關性，是一種倒行逆施，只會害了自己

朋友們，正確的相關性，要如何建立呢？

湯馬士．佛立曼（Thomas Friedman）說過：「世界是平的（The world is flat），全球人人相連，透過平等資訊互相合作競爭。」現代生活帶來便利，全球都已息息相關，你的生活與工作也無法除外。要建立充實與愉快的生活，首先要建立一個前提：與他人互動。

世界這麼大，透過網際網路，透過全球流通服務，透過新世代的廉價甚或免費電信服務，你可以無遠弗屆地觸及全世界。世界這麼大，你到處都有好機會。中國人喜歡說：「此處不留人，自有留人處。」世界如此之大，你有非常多的選擇，千萬不要再選擇「得過且過」的一生。

「歸屬感」與「成就感」可以自己找。當主權已經回到你手裡，要如何過有意義與有意思的生活，把自己一步一步帶到充實愉快的生活，其實都由你自己來操盤。以下提供兩個絕對可以幫助你迅速進步的方法：「和氣生財」與「獨特價值」。

魔由心生，在工作場所長期未得重視，及生活中人際關係不順，有絕大部分來

自於自己的「錯誤期盼」與「過度自疑」，當然也確實會有不少是他人的錯。不管是起於自己或他人，有兩個最基本最簡單的破解絕招，就是中國人常說的「和氣生財」和「獨特價值」這二個觀念。

經常「和氣生財」

它代表你處處會替人著想，會為人設身處地考量。也就是說，你能夠帶給周圍人一種「完全放空自己，而在為全體謀福」的印象。這樣子待人處事，別人自然帶給你強烈的「歸屬感」，這也是「歸屬感」的最高精義，而不需要千方百計讓人喜歡你，藉以取得歸屬感。

善用「獨特價值」

它代表你要開始提供屬於自己的獨特價值，用最恰當、最合乎自己的角度切入任何局面，然後憑著獨特價值去建立真正的「成就感」。既然是自己的獨特價值，首先你可以發揮當仁不讓的精神，其次你可以自娛娛人，如此一來，不想快樂都難！

舉個小例子：幾年前我回到樂團參加合作演奏。我可以彈吉他，也可以彈鋼琴。事實上，我演奏吉他的水準大概還不錯，但是這個樂團已經有太多吉他手，如果又增我一個，豈不是人才重複又浪費？所以我當場決定專攻樂團缺乏的鋼琴鍵盤，一方面補足樂團所缺，另一方面我也因此找到團隊中的獨特價值，可以淋漓盡致地發揮。如此得來的「成就感」既合乎團隊需求，又讓自己有空間，更不會踩到別人，不是一樁挺好的選擇嗎？

- 世界唯一的你，絕對擁有無與倫比的獨特性。
- 狡猾人喜歡築迷宮，有一天卻走失在自己的迷宮中。
- 無私的人，總能贏得大家的私心。
- 卡位，有好的方式也有壞的方式，一種是把別人踢開，一種是創建自己的獨特性。
- 出於善意，善意如漣漪般不斷擴大，最後影響別人；出於惡意，惡意如鬼魅般狡詐，最後吞食自己。

4-5

做自己最好的生活大師

我們討論了如何善用「獨特價值」突破工作中長期未得重視，再以「和氣生財」來克服人際關係。同樣的原則，也可應用在家庭、學校、機關團體。我們再進一步來看：如何做自己最好的生活大師？

所謂最好的生活大師，當然是超快樂的，定義或許人人不同。在我認為，超快樂生活大師，應該具有以下五大特徵：

・免於恐懼地生活與工作

・合乎自我本性本質，有所適當發揮

・對內對外平衡，表裡一致
・生活與工作都有值得信任的親人朋友
・簡單

免於恐懼地生活與工作

「恐懼」常被理解為負面的東西，其實不是。一個吹牛說自己毫無恐懼的人，其實比懦夫更可怕。毫無恐懼的人會像《白鯨記》（Moby Dick）裡瘋狂的船長，帶領船員無意識地追殺白鯨，導致全軍覆沒。所以，保有一點恐懼是好事，就像開車時繫綁安全帶，恐懼有時可以是用來提醒自己的好工具。以無懼的內心去選擇、面對自己的生活與工作，好事當仁不讓，壞事無懼面對，這就是免於恐懼。

合乎自我本性本質，有所適當地發揮

這個特徵的重點在於「適當發揮」這四個字。有些人幸運地可以一生盡情發揮才華天賦，大部分的人只能偶爾享受吉光片羽，在有限制的格局內稍微表現。所謂超快樂生活大師，倒不一定需要隨時最紅或最出風頭，而是能夠在十分拮据或狹窄的空間內，尋找到自己的天地，發揮一些別人搶不走、拿不掉的獨特價值。

對內對外平衡，表裡一致

這就是之前所說的，讓自己「獨特核心價值」找到適當的出口，憑核心價值提供特殊的服務。對外以「和氣生財」的心態去面對，身段柔軟、能屈能伸，內外平衡、表裡一致。

生活與工作都有值得信任的親人朋友

許多成功偉大的人是非常缺乏安全感的。我有一房地產友人，就屬於這一類。他其實很有錢了，但因為一生的成績都是靠攀龍附鳳起家，所以窮極一生都在追逐與有權有名的人交朋友。

超快樂生活大師，在生活與工作，至少都有幾位可以不計利害、不計內容、不計代價，值得信任的親人與朋友。這聽起來很基本、很容易，但是讀者會很詫異，其實有很多大老闆，連這一點都做不到。

簡單

超快樂生活大師，說穿了，就是紮實地把握住了「簡單」這兩個字。很多事情本來就不複雜，是我們自己把它複雜化。一定要穿名牌開名車？賣弄紅酒知識？買豪宅氣派炫耀？難道有錢才能算生活大師？如此這般辛苦所謂何來？發自內心的單純，簡單欣賞自己的原形原狀，不沾匠氣地入世參與。簡單，就讓人快樂！

真正的生活大師訴求「超快樂」！

虛假的生活大師標榜美酒、名牌、光鮮生活；超快樂生活大師，不會是最有名或最有錢的人，不必是出將入相、動見觀瞻，或在人生與工作中充滿花俏燦爛、轟轟烈烈的偉大人物。簡單說一句，超快樂生活大師，你我都有可能。

· 簡單純淨，就是一種力量，會散發出一種安逸快樂的氣息。
· 不要複雜，就像把一個「？」變成「！」彎路不見了，驚喜就在眼前。
· 找到自己的價值，比找到自己的位置重要。
· 人生的真諦不在物質財富，而在超快樂的生活。
· 坐擁金山銀山的人，常常害怕失去；一無所有的人，也許瀟灑自在。
· 這兩種人都未必快樂，快樂在哪？快樂在滿足的人身上。
· 人間貴在有真情——親情、愛情、友情。

Lesson 5「超快樂生活大師」五大進階

絕大部分的人，都能夠選擇自己要多快樂。
人的生活好壞，快樂或不快樂，掌握在自己手中。
如果你選擇今天起床後，
無論如何要快樂，你大多可以做到。
如果選擇充滿臭氣，我保證你也絕對可以做到。

5-1

第一階：選擇「換心」與「換燃料」

換心與換燃料

一位健康權威說，在生理上，心臟病是最大殺手之一，人人都知道要費心思去預防或改善。許多人卻不知道，心理上的心病，更是加速老化因素與隱藏的殺手。

心臟這個器官不管用時，只好換心，歷史上換心的成功率不少。但是心理上的心病出現時，怎麼辦呢？當然也是換心，只是這個換心，是改換你的心態。我們每天都可以為自己進行一種「換心儀式」。當你無法承受心中的痛，無法繼續內心的悲傷，無法接受那些使你夜夜失眠的煩憂，你可以徹底換心。換個完全不同的心態來重診自己的問題，換個完全不同的角度來治療自己的狀況，這絕對不是「阿Q心態」。

如果汽車引擎充滿骯髒的燃料廢物與沉澱的汙垢，只會損害車子。就好像長久以來，處於不滿足、不快樂、恨別人、氣自己的惡性循環裡，那種不健康的環境，讓人愈來愈毒，愈來愈髒，最後被侵蝕擊垮。如果有意識與自覺，請立刻改換燃料，不再為自己添加壞東西。不自救，沒有人會救你。別拚命再往自己的車子裡灌黑油，改用清潔無汙染的好油吧！

別人是否都比你快樂？

每個人都想過滿意快樂的生活，如何能夠輕鬆做到此事？前面的章節裡已經建立了許多觀念。我們談到人人都具有潛在的智慧與能力，只需要曙光的鼓勵或激發。我們也從人本探討，為什麼會有那麼多的不快樂？而最多的不滿意常常是自己弄來的，自己常常是阻礙自己取得滿意生活的最大障礙。我們耗費太多時間去擔憂自己的短處，卻對自己的長處視而不見。

我們又進一步研究，如何才能發揮潛能，突破對自己的不滿？如何才能反求諸己，讓自己成為超快樂生活大師？我們給了「超快樂生活大師」定義之後，會發現原來那些經常受人注目、經常被人以「很酷」稱羨，讓人引為典範的生活大師，只不過是一群偽裝者。

愈往負面思考，負面就愈真實

朋友們，你選擇用什麼燃料去啟動你的生活呢？生活的品質十之八九取決於你的心情，如果你決定它好，它就會好。動搖不定，模稜兩可，它就會不安緊張。如果你樂天歡喜，你的心情就會永遠維持年輕活潑。如果你不清楚自己的現狀究竟在哪裡，常常忐忑不安、憂心忡忡。那麼，請立刻停止一切，靜下心來，搞清楚自己在哪裡，要怎麼向前走？如果過去的心態行不通，何必還一直套住自己、裹足不前呢？

負面心思是最髒的燃料，改為適當的正面心思，你就會像洗了一場熱水澡，重新乾淨起來！

「酷」不等於「生活快樂」

朋友們，超快樂不需要形而上的東西。「酷」的通病常淪落於：做給人家看、以為因此可以提高自己、錯將自己的生活好壞建立在他人的認定上。「酷」是要給人家看的，而超快樂的目標，完全不是要去證明給人家看的，而是自己開心就夠了。

不久前看到一個大財團的子弟，技巧地取得某大金融機構的掌控權，風光了一段時間，結果因為投機陷入更大的併購整合案，弄得滿城風雨，搞得糾紛重重。回想起來，這位年輕財主是「酷」的，但是他真的超快樂嗎？還是超痛苦、超緊張？

歷史告訴我們，錢多了或地位高了，不是就沒有問題了。只是換成了新的與不同的問題，而且常常還是更不好受、更不好解的問題。有一句諺語說得好：別想太多或期盼過多，你真得到了，說不定麻煩就更大了。

・真正的不幸在於不自覺。
・身陷困厄但心靈清明，困厄自然會消失。
・生活是殘酷醜陋的，但是你可以是藝術者，為生活妝點打扮。
・悲劇從來沒有終點，自己想得愈悲、沉淪愈深，會愈無法自拔。
・給自己一個底線，列一個損益平衡點。
・機會如果沒有來臨，就自己捲起袖子，走出去創造機會。
・每個人都有巨大潛能，去挖掘它，把它找出來，能發揮到最好，就是最後的贏家。
・愚蠢的人受牽制，聰明的人受矇蔽，純真的人看清問題。
・不要否定挫折、痛苦、憂愁，這些是生活的一部分。因為有淚，我們看見真心，因為有苦，我們看見珍惜，生活是點點滴滴的酸甜苦辣。

5-2

第二階：練習對自己好一點

有一次在亞洲旅行，受邀參加一場高爾夫球聚會。我非常幸運地沾了主辦人的光，被安排與數十年前被認為是亞洲高球之寶的呂良煥先生同組打球。

呂良煥先生當年是亞洲少數國際知名的高爾夫球職業選手，經常參與最高檔的國際大賽與PGA職業賽。他除了多次取得佳績外，更因在球場上的風範與禮儀，謙虛與客氣，為歐美媒體所重視。我還記得，他經常戴著一頂爵士帽，只要得到周圍觀眾的鼓掌，他都會真誠地微笑、對大家脫帽致敬。這個一再出現的動作與那頂帽子，後來幾乎就成了他的商標品牌，歐美觀眾都熱愛地稱呼他Mr. Lu。他的風格讓大家永遠記憶，歷久彌新。

不要掐死自己

我個人是個再普通不過的高爾夫球愛好者，打了多年的小白球，雖然偶有佳績，但整體來講，總覺得好像一位永遠的初學者，進步困難。我尊稱呂良煥先生為呂老師，一路拚命向他學習請益，仔細觀察。

呂老師今年七十歲了，仍然健步如飛、談笑風生。他打起球來輕鬆自如、又直又遠。年輕的我在旁邊，從早到晚好像殺牛砍樹般，費盡吃奶力氣，腰臂幾乎扭傷，還打得沒有呂老師一半的距離與準確。

我看自己汗流浹背，渾身濕透，有一半時間在找球撿球，呂老師卻輕鬆愉快，不時指導。毫無疑問的，他的球技是一生苦練出來的。其中有著多少血汗、多少奮鬥，才換來一身本領與眾人的景仰。

但是呂老師在指點我的時候，點出了幾項最基本的原則，卻遠比苦練與奮鬥更重要，而且完全可以應用到我們的生活與工作上。

呂老師第一點就指出我打球太緊張了，握桿握得太緊，以至全身緊繃，根本無法順暢完整揮桿。

我以前好幾次花了大筆錢去拜師上課，當時教練也指出這一點，我卻很生氣，認為我付了這麼多錢，你只是告訴我握桿握輕一點，這算哪門子的課？另一次我花錢請人教我如何改進推桿進洞，那位教練也說，直直地輕鬆瞄準進洞中心，推出便是。我心想，這些，不就是花錢買廢話嗎？

結果當天我聽了呂老師的指點，就開始刻意地放鬆握桿、放慢轉速，居然接連地也打了好幾桿經典之作，又長又遠，簡直開心極了。

原來之前教練說的都是對的。想要將球打直打遠，用三分力握就好，或說要像握住一隻嬌柔小鳥般地輕柔，握得太緊，小鳥一下子便被掐死了。

我得出了一個經驗：練習對自己好一點、輕鬆一點，別把自己掐死。給自己多些空間遊走發揮，遠比拚命塑造自己來得好。

現在請你深呼吸一口，然後舒服的輕鬆吐盡。從今天開始，練習對自己好一點，凡事輕鬆一點。

對自己好，就是最基本的福

怎麼樣叫做對自己好一點？

朋友們，你是否常常停下來想一想：你順利得意的時候，生活的內容是什麼？遇到挫折鬱悶的時候，生活的內容又是什麼？除了報章雜誌渲染的名人英雄之外，明明大家好壞差不多，為什麼卻常覺得「好像別人過得比自己好？」

是什麼使我們感到自己生活或工作不如人？

是什麼使我們感到遺漏空洞，殘缺不足？

原因就是「自我破壞」與「自我貶值」的錯誤態度：

1.過度關注短處。

2.過度依賴他人的認可，來肯定自己的價值。

3.過度沉淪於自己未來的巨大美夢，以至於否定現在。

其實只要每天做一些小改變與小進步，巨大的美夢便會如此長久累積而成形了。

怎麼樣叫做對自己好一點？最基本的，在自己的天地裡吃好一點，穿好一點。請注意，我不是說吃貴一點或穿貴一點。對自己好一點，應該著重在更深一層的核心：

1.無條件地認知自己的好處，與自己和平相處，放鬆反而可以得到一切。

2.要不斷改進、進步，但不用急。每天改變一點點，每天進步一點點。半年、一年以後，你將是位從容不迫、容光煥發的超快樂生活大師。

3.除了少數含著金湯匙出身的人以外，偉大成就要靠自己長久累積的。但你所追求的偉大成就，定義應該由你自己決定，不能只是隨波逐流、抄襲仿冒。搞清楚與掌握住這個出發點，你一生必定受用不盡。

- 人要隨時保持清醒，知道自己在做什麼，俗語說：「三十窮苦，四十不富，五十找死路。」生命很短，愈早看清，愈對自己有利。
- 成功不是一個人的事情，成功是一切機緣到位，水到渠成。
- 十鳥在林，不如一鳥在手，專注一項長才，勝過十項全能。
- 壓力無所不在，有壓力的人，要隨時懂得釋放。
- 生活中的機遇，永不止息，只要用心，就能看見。
- 對自己好，等於減輕別人的負擔。

5-3

第三階：練習減少恐懼

暑假開始時，舊金山市有所富裕學區的高中放假，幾位十六歲剛拿到駕駛執照的年輕學生開越野車出遊、徹夜狂歡。越野車在山路上超速出了事，兩位同學被拋出窗外當場死亡，另兩位同學因為綁了安全帶而只受了點傷。

記者訪問倖存者，同學哽咽地回答：他們又喝啤酒又開快車，吆喝呼嘯，瘋狂忘我。他請開車的同學慢下來，並請他們綁上安全帶。但那兩位同學卻笑他，別沒種了！暑假剛開始，大家來痛快狂歡，我們是無敵的！你別掃大家的興，然後還在車上站起來呼喊吼叫。忽然間，路上有雜物，快車急轉，一下子就翻了好幾轉，我看到那兩位拒絕綁安全帶的同學，就往前彈出，撞破窗子飛身而去，一個撞到大樹，一個掉到山谷下。

如果有恐懼，同學就會綁安全帶，也許就可倖免於難。因為在那一刻以為自己無敵，沒有恐懼，造成了不可挽回的大錯。

有些恐懼是好事

恐懼有兩種：有一種恐懼，好像開車所綁的安全帶般，提醒你要有所為有所不為。這種「不要輕舉妄動」的恐懼，可以稱得上是好事。另一類的恐懼，是自己明明嚴重地受到恐懼困擾猶不自知，甚至習慣於這類恐懼，而成了根深柢固的內心惡習，導致自己失去了方寸，變成驚弓之鳥，毫無自己。

最糟糕的恐懼

以下這些心念是否不時在你心中出現？如果他們讓你忐忑不安、氣憤不平，這就是我所謂最糟糕的恐懼。

- 我是否沒有受到某些特定人物的尊重？我愈在意，就愈覺得他們不尊重我？
- 我是不是受人欺負冷落了？不然為什麼我的重要性愈來愈低？

・為什麼別人在討論事情我沒份參加？是否我已失去了相關性？

・別人都超過我了、房子比我大、車子比我新、旅遊比我奢侈，那麼我該怎麼辦？

這些侵蝕你心、吞噬你心的恐懼，正是提昇你生活品質的主要障礙，也是我要你從今天起徹底根除的心病。

做個男子漢

幾年前，我到高中演講比賽擔任裁判。過去我也擔任過類似的任務，對美國學校的辯論演講水準感到嘆為觀止。

我講這話，內行人都清楚，我自己當年在亞洲也得過演講或辯論的全國獎，知道辯論比賽是怎麼一回事。在許多地區的演講辯論，口才伶俐或可愛俏皮，就可以讓你獲取高分。但是美國社會卻對這些學生的準備功夫更為重視。尤其是「林肯與道格拉斯辯論賽」（模仿林肯與道格拉斯的總統辯論），每位學生都會用長久時間準備一疊又一疊厚厚的資料，憑藉事實數據，引經據典，一絲不苟地演講辯論起來。

這是種非常好的踏實風氣。學生們都知道，如果他們只想憑一張嘴皮子上場搬弄，對手會用最嚴謹最真確的事實與闡述，將他們的內容缺點徹底暴露出來。所以他們個個戰戰兢兢，憑數據與事實說話。辯論過程中聽不到任何惡言惡語，人身攻擊，也沒有最低水準的氣急敗壞或聲嘶力竭，這樣的君子之爭，仍然充滿攻擊防守的精采互動。

在如此標準中訓練出來的孩子，可以瞭解到一件事情：真正的漢子，並不一定要大聲疾呼，猛拍胸脯，信誓旦旦，口沫橫飛。我這一天擔任評審裁判，聽了許多感人的演講，印象特別深的是一位白人孩子的講題：「做個男子漢！」

他有天與哥哥開車到一個娛樂中心去看電影，停車時，旁邊有幾個太保混混，開始對他們挑釁。這種挑釁是不沒有理由的，這些混混藉著人多膽大，將飲料潑到他們車上。

他的哥哥車內有一根棒球棒，弟弟看到哥哥怒火上升，同時一手立刻往下探球棍，當下心中一緊，不知所措。為了表示他也是男子漢，他準備也豁出去了。眼看哥哥就要打開車門衝出去……這位高中生突然話鋒一轉，問聽眾，到底怎麼樣才能算是男子漢？幹上一場無理無由的架嗎？做個表面上什麼都不怕的人嗎？

他接下來開始討論「怕」是不是一件壞事？

古今中外，有多少紛爭起源於彼此想證明自己比對方有種？有多少不必要的對立，源自於你害我沒面子我就一定要讓你更沒面子？有多少天天看不完的螢幕醜戲，是從一句醜話或一點誤會而不停紛擾擴大？

如果有一點「怕」，是否可以讓大家想一想，在惱羞成怒之時，可以「緩一口氣」評估評估，比較不會輕舉妄動？

演講的結尾，他在最後一刻告訴哥哥：「他怕！」因為「他怕！」哥哥不敢輕舉妄動。和弟弟回到家後，哥哥以顫抖的手抱了弟弟好久，並告訴弟弟「謝謝你，我本來以為你一定希望看到哥哥勇敢地去和那一群人打架，才不會對我失望。」哥兒倆一起哭笑了起來。

朋友們，你們覺得他們不夠男子漢嗎？

活在當下，先把手上的事情做好

朋友們，最浪費自己身心的恐懼，是最無孔不入的心魔，是擋住你進入超快樂境界的鐵門。這些糟糕的恐懼經常在不知不覺中，令你感到無奈無助、心力憔悴，或感到狐疑尷尬、忐忑不安，或是感到沮喪鬱結、無法行事。我們可以將這些無謂的恐懼歸為四大類：

四種典型的無謂恐懼

一、對自己現狀的恐懼

這不是窮人或失敗者的專利，所謂的有錢人或成功者，有時候對自己的現況更經常性的抱有不安。

二、對他人不重視我們的恐懼

舉例來說，從開車時被人擋路或被人超車、到公司升遷受人忽略、朋友同儕間互相狐疑輕視，這些得不到的尊重，都是說不出又吐不掉的委屈。

三、對自己前途的恐懼

這是稀鬆平常的日常恐懼。我們往往對未來有些茫然，假如大環境再差一點，就更雪上加霜，往好處想是居安思危，往壞處想，這是最勞民傷財的心中障礙。

四、對自己是否走對了，以及未來可否充分發揮的恐懼

一生能夠依自己才能，去喜愛而發展事業的朋友還是不多。絕大多數的我們，大多還是為了生活去練習喜愛我們目前在做的事。這種恐懼充斥於社會中。

減少恐懼，僅需與自己和平相處

我曾經畫過四個同心圓，象徵著成功快樂人與眾不同的特質，其中最重要的圓心，就是「認可自己、接受自己、與自己和平相處」。這些特質可以讓我們破解以上難題：

一、破解對自己現狀的恐懼

如果對自己滿意，怎麼會有這個問題？所謂對現狀滿意，不代表苟且偷安的避禍心態，更不代表你不努力求進步。而是說，對現有的一切，要真正的「知恩、惜福、感謝」。這個基礎，一定要有，一定要先建立。

二、破解對他人不重視我們的恐懼

我們總希望獲得他人的認可，愈求不到，愈殷切期盼。當如此恐懼深植心中時，也許你已經成了他人眼中的馬屁精而不自知，也許變成毫無自我價值的牆頭草而麻木不仁。什麼時候，你能夠瞭解自己的快樂，自己去找去發掘而不等別人拿給你，更不將自己的喜怒哀樂交由別人決定，一旦這些東西出現了，你就突破了。

三、破解對自己前途的恐懼

我學佛還十分資淺，但是特別同意前輩與有德者的教誨，佛經要我們「活在當下」，這真是醍醐灌頂的至理名言。昨天已過，明天不存在，因為明天就是不斷更新的今天。我常常勸告創業家，別擔心以後如何，先把手上的事情做好，後面的好事自然會發生。

四、破解對自己是否走對了，以及未來可否充分發揮的恐懼

長久的懷才不遇，會造成自我懷疑，會消磨人的雄心壯志。前面的數章，針對這個問題有詳盡說明，如何暫時放下對自己短處的擔心，好好享受自己的長處？如何讓自己的核心價值出現？

心中的出發點如果改變，許多不必要的恐懼就會逐日淡去。那時候，超快樂境界的達到，就是水到渠成。

‧壞的恐懼像一張網，束縛著人心，讓人動彈不得；好的恐懼是靈光閃現，教人深思熟慮。
‧人生唯有確定目標，才能走出一條堅定的道路。
‧做對了嗎？靜下來聽聽你內心的聲音，聽聽你快不快樂，你便知道了。
‧不用害怕，在內心畫一個良辰美景，你便會看見。
‧勞動者或許累但是開心，怠惰者或許輕鬆但憂鬱。
‧順水行舟的人，終點往往在下游。

5-4

第四階：不要過度分析自己

與神對話之靈動

一位我十分敬愛的好友，深夜傳來一份網路佳言，題目為〈與神對話〉。節譯其中與讀者們分享：

凡人問神：為什麼我的人生如此忙碌、如此複雜？

神答：請立刻停止分析你的人生！人生是要「過」的，無法去分析的。「過度分析」正是複雜人生的來源。

凡人問神：為什麼我的人生如此不快樂？

神答：你的今天，就是你昨天所擔心的明天。你如此憂心忡忡，正是因為你過度分析。「憂心」變成了主要習慣，所以你不快樂。

凡人問神：我怎麼可能不擔憂呢？人生有這麼多不確定。

神答：不確定是必然的，擔心卻是選擇來的。

凡人問神：說來容易，可是人生好多痛苦啊！

神答：痛苦也是必然的，受難卻是選擇的。

凡人問神：那麼為什麼好人經常得受難？

神答：鑽石非得琢磨，否則不亮；黃金非得提煉，否則不光。好人要經過鍛鍊，那些經驗會帶給他較好的人生，而非較苦的人生。

凡人問神：您的意思是說，那種痛苦經驗是有用的？為何我們不能免於問題？

神答：問題都是有目的的，它幫助我們提昇內在力量，使我們更堅強。你的力量與堅忍力是無法從毫無問題的生活中得到的。

讀完以上這部分佳言，相信你我深有同感，也覺得它是可以用來改善我們生活態度與生活品質的基本思維。

不要用他人的標準套在自己身上

人生絕大部分的問題，百分之八十五起源於自己的創造，或自己內心猜忌與放大而造成的。百分之十三雖是問題，卻可以經由金錢或努力解決，獲得圓滿結果。而只有百分之二的問題，是真正無法解決的生老病死問題。

因為生活與工作中的龐大壓力，或過多的困難與挫折，難免會對某種情況中的自己不確定。那種感覺，有點類似小時候，與同學朋友處不好，會花上好多時間分析誰對誰錯。長大以後，人際關係不佳或工作不順，也會反覆思量猜測自己是否有錯或是否受害。生活中所謂的陰影，許多就來自於這些解不開的心結。

健康而有效率的自省，是可以自然輕鬆做到的。但是你並不需要過度地分析苛求自己，你更不需要為了符合他人眼光或標準而百思不解、作繭自縛，只需要遵循以下這五個原則：

一、永遠保持寬廣心胸，具有包容自己的大精神

所謂「成功」這兩個字，恰恰就是用他人與外界的標準在計量的。追求成功，

當然是一件好事。但如果永遠扛著他人的標準，莫名的壓力就會出現。如果能將成功詮釋為「充實知足」，你立刻可以取回自主性，而能對自己寬廣包容。

二、不要犯了察言觀色，過度討人歡喜的毛病

希望讓大家喜歡，是一個很好的出發點。可是如果過分將自己的價值建立在他人評價上，就會患得患失，永遠不安。

三、牢記生活是要過的，不是拿來分析、變成研習個案的

少年不識愁滋味，為賦新詞強說愁。生活最有意思的地方，在於不管你怎麼去想、去分析它、後悔它，它還是一天一天地逝去。這逝去的每一天，你不好好過，它就跑掉了。千萬別錯將自己當成一樁個案，不斷討論。

四、分析得痛苦難過時，請記得清點你的福祉

如果你為自己的得失，分析得一個頭兩個大時，請回頭清點你的福祉。不要去看你還必須走多遠，而要經常去看自己已經走了多遠。

五、不要老想我應該是誰？而要專心決定我要成為如何的自己

生命最快樂的部分就在不斷創造，這是每個人都自然擁有的天生特權。與其輾轉反側思考人生目的，不如下定決心活在當下，用每天創造的新局，讓自己開心。

- 思考與情緒如同水，水能載舟，也能覆舟。
- 想太多的人，擔心就多，擔心太多，就會裹足不前。
- 培養洞察力，不要培養疑心病。
- 認知、洞察、理解力，會讓我們改變現有狀況，但是過度分析自己，會讓自己陷入膠著狀況。
- 人的思考是主觀的、流動的、分析不來的，應該隨時保有警覺心。
- 人的心智是不斷波動的，如果頭腦不清晰，便容易走入佛家說的「見障」。
- 既然短暫是本質，快樂和痛苦就沒有多大差別，輕鬆讓不愉快過去吧，如果沒有大問題，就不要再抽絲剝繭了。

5-5

第五階：開始投資自己

採取實際行動的時候了！

日前看到一個電視節目，是一位年約七十歲、精神抖擻的老婦人，聽眾是滿堂的銀髮族，題目是：銀髮族們，該是實際行動的時候了！這位年長的演說家，首先詢問數百位專程前來聽她演講的銀髮族：你們一生最想做的事情，過去因為種種原因而沒有做的是什麼？現在到了退休或半退休的時候了，你們是否終於在做這些想做的事了？

她問：你們有誰一生最喜歡繪畫？幾乎所有聽眾都舉手。

她跟著問：你們這些想要繪畫的朋友，有誰現在經常在繪畫？剩下不到五雙手，中間有幾雙還信心不足地半舉半收。

她問：你們有誰一生最喜歡旅行？幾乎所有的聽眾都舉手。

她跟著問：你們這些想要旅行的朋友，有誰現在每年籌劃幾次長程的旅行？剩下不到三雙手，中間有幾雙還信心不足地半舉半收。

演講者又問：你們在等什麼？現在還不實際行動？

節目很長，連續好幾檔。此段對話只是開端的五分鐘，但是我想聰明的讀者們立刻知道我想說什麼？事實證明，如果你不馬上採取行動，你會發現自己到了七八十歲，還是在許同樣的願，做同樣的等待。非常清楚，你的生活始終無法如願，始終無法心想事成，就是因為太多的時間與機會被這種「沒有時間」、「沒有錢」、「沒有能力」的藉口浪費掉了！

將以前所錯失的良機，全都拋諸腦後。如果你今天三十歲，請告訴自己，三十歲以前所錯失的良機，全都不算數，全都可以拋諸腦後。如果你今天二十歲，或四十歲，也請比照辦理，他人怎麼講怎麼看都沒有用，你如何自圓其說自欺欺人也沒有用。只有當你今天起而行，開始具體地為自己的夢想採取行動，你才真正能做自己的生活大師。

而第一步，就是要投資自己。你過去常常在投資別人而不自知。所有的母親都是偉大的，懷胎十月、含辛茹苦地撫養孩子長大，每一個階段都有每一個階段的擔憂牽掛。一直到孩子長大、成家立業，忽然間，許多母親感到孩子們好像愈行愈遠？似乎不再屬於自己了？並非只有母親才有這種遭遇。父親也許親近度沒有母親強烈，但親子之愛絲毫不差。不用等到成家立業，許多父親在孩子青春期時，就與孩子吵開而有嚴重的隔閡代溝了。如此付出與回收不平等的現象，不只限於親子關係。天底下所有的事物，都牽涉到付出與回收。

戀愛、求學深造、工作創業、與人相處交友……如果要將每件事情都用投資報酬率分析，你可能會天天失望，天天覺得不公平。在《取悅於人之疾》（Disease To Please）這本我很喜歡的書中，作者告訴大家，做一個受大家喜愛倚靠的人絕對是件好事，適度的自我犧牲也有它必然的價值。但是，一個只知道投資別人的人，最後會變成一個失去平衡，甚至會因為抱有過高的期望而大大失望的悲劇者。

學習中庸，凡事適度，準備好自己，才能幫助更多人

在此絕對不是鼓勵大家凡事為己，中國「中庸之道」是一種高度智慧，很值得

我們學習，主要的重點有以下幾項：

一、只有先將投資放在自己身上，才有可能為他人帶來更高的價值

母親必須先取得足夠營養，才能帶給嬰兒健康。一個懂得為自己投資的人，才能更有餘力地為他人設想服務。有位朋友十年前告訴我：他想去讀夜間部EMBA，每年總因為忙碌無法做到。十年後，他仍然怨聲載道，嘆息周圍的人已經拿到EMBA，他還是為了種種原因，沒能去讀。

二、不投資自己，只專注投資別人，到後來完全否決了自己，反而成了他人的包袱

如果你在公司裡，花費時間在思考老闆怎麼看你或他人怎麼評論你，時間遠超過花費在思考你自己如何更進步更成長，那麼你可能不知不覺中天天在貶低自己。一個倚靠他人的名氣力量而建立事業的人，永遠就是被人家如此定位，因為你自己就是如此定位自己。

三、投資自己與投資別人，並非互相排斥的兩件事，而是可以同時平衡做到的

許多人錯誤地將「犧牲自己」想像成極為羅曼蒂克的偉大事情。一個一生為先生與孩子奉獻的母親，她每件事情的出發點都是對的，但後來孩子嫌她囉嗦，先生嫌她跟不上，差錯在哪裡？天下多的是付出後得不到償還的例子。

「投資自己」是你我自己可以選擇的，它跟你自我犧牲與為他人服務毫不衝突。

- 人生就像博士論文，要鎖定題目，縮小範圍，才能寫得又深入又精采。
- 投資自己，不會血本無歸，而且是最容易得到回報的一個動作。
- 不要懶散、逃避，現在就醒來，看看自己。
- 駱駝懂得儲蓄水，因為嚐到環境缺乏水的痛苦，你學到了什麼？
- 握在手中的方向盤，會因為心念亂竄，路走得歪七扭八。
- 人生是一道求解的數學題，只能自己算，別人頂多是提醒。如果別人解題了，那會是別人的人生。

5-6

複雜帶來負擔，簡單得到豐富

我曾經認識這麼一位人士，我稱他大鯊王。怎麼說呢？我做生意三十年，人際關係始終良好，與人共事，從來都是互相帶給彼此歡樂進步，唯獨此人，帶給我這一生中獨一無二、不寒而慄的經驗。

大鯊王有非常高明的手段，奸險偽善、迅速剷除異己。大鯊王是權謀高手，每一件事都得經過他才算數。大鯊王是搶劫高手，別人辛苦建立的組織，他可以從天而降，將功臣一腳踢開。有好事，大鯊王一定搶邀功；有壞事，大鯊王一定急撇清。

大鯊王也是反芻高手。讀者們知道什麼是反芻嗎？你看那牛吃草，吃了一口，可以將它吐出來，再好像新食物般地吃個半天。大鯊王最會聽取別人研究多年的精華，然後剽竊，當成自己淵博的知識現買現賣。

大鯊王更是攀龍附鳳的高手。擅長買空賣空，後來他參加領導人訓練組織，高明地利用此組織，挾天子以令諸侯，抬高身價，右手巴結高人，左手打擊異己。

最恐怖的是，大鯊王這一切，都是假借在一切為公、一切為團隊的偽善面具之後完成。

他的高明險惡，罄竹難書；他的厲害，是等到你屍骨無存了，還不自覺被坑了。我自己算是蠻有經驗、頗知應對的商界老手，哪曉得碰到這種專注、全職鬥爭、為自己謀利的人，自己還真不是他的對手。我與大鯊王合作的那幾年，起先還為了理想與他爭長短，到後來卻連自保都成了問題。

大鯊王的恐怖，在於認為只有他是大池大魚，別人都是注定要被吃定咬死的小池小魚。在如此的環境與架構下，大鯊王是勝利者，是最厲害的人。我則是他晉升途中的小障礙或一個小台階。

我長久觀察大鯊王，發現他在外被人稱讚敬佩、受到尊敬。但幾年後，只要是大鯊王主導的公司，被他參與過的機構，最後都不死也傷。只要是大鯊王搶去邀功的組織，都會從旺盛跌落到乏人問津。

大鯊王的下場當然不好，他自以為絕世聰明，利用強權，其實自己也不過是強人棋局中的另一小卒。

人生短暫，作惡如繭終自縛

朋友們，短短人生，何必汲汲營營？用複雜的方式追求到榮華富貴，功名利祿，帶來的是更多維持虛假格局的麻煩，或者為了騙取他人崇拜的偽裝。就好像起了一個謊，就得圓更多的謊。

大鯊王當然有他的風雲際會，但他其實也就只是個空洞的草包，每天像個汽球般地把自己吹噓滿漲，惶恐於不知何時讓人一針穿破。其實複雜帶來負擔，功成名就，並無法提供讀者們要的生活品質。想簡單卻得到豐富，我在此先貢獻三個小原則：

一、把握一個正確的出發點

凡事愈簡單愈好，選擇在複雜的工作與煩惱的生活裡，取得單純的內心世界。

二、追求一個做得到的目標

練習化解壓力，培養談笑間強弩灰飛煙滅的能力，選擇過沒有恐懼的生活。

三、追求成功的過程，長期投資自己

先把自己準備好，才有可能擴散來投資家庭、投資事業，與傳播熱量給眾人，才能到達極致。

- 一片葉子，有其複雜的脈絡，但是觀賞葉子的美，不在複雜葉脈，不可弄錯重點。
- 人來掃地，人去泡茶，虛假的人沒有真心誠意。
- 要學好樣，有樣看樣，沒樣自己想。
- 即時及時，莫待風箏吹斷了線，大勢已去才省悟。
- 涓滴成河，聚沙成塔，愚公能移山，小溪可成河，目標對了，去做就是了。
- 習慣在角落默默付出的人，也會有想要發光發亮的時候，正視自己的需求，好好投資自己。

Lesson 6「超快樂」無所不在

你的生命有限，
所以不要再為了別人的認可而活了。
—— Steve Jobs

6-1

福分與緣分：超快樂就在身邊

社會並非那麼單純，許多時候，我們全心全意的付出，或以最誠懇的態度相與，還是會遭受灰頭土臉的回報。你真心真意的要建立超快樂的環境，卻不斷有人來把它拆掉擊垮；你能做的都做了，還是打不開困局，脫不掉枷鎖。這時候怎麼辦？

你唯一能做的，就是守住你這一方的真，守著你這一方的愛。「真愛」，正是維持超快樂的血液。而我們周圍的人與事，可以很複雜，也可以很單純，就看你用什麼眼光與態度來看。

張祥父子的故事

張祥的小孩從小天資聰穎，雖然讀書不是特別強，也不是學校裡的風雲人物，但自小在音樂、藝術、創意上有非常突出的表現。我還記得他多次獲得全州的音樂大獎，是非常有天分的小孩。這孩子好像常常很快樂，但是有時候又好像很不快樂。

這個孩子自小十分害羞，不特別譁眾取寵，也沒有呼朋引友的能力。張祥從小就希望孩子可以克服自己個性上的弱點，也做一個呼風喚雨的強人。換句話說，張祥從孩子出生以後，就一直希望能夠迅速教育兒子脫胎換骨，變成爸爸理想中強勁的孩子。這種根深柢固的理想，二十年來也天天透過語言及動作，影響著文靜的兒子。

孩子一直十分乖巧聽話，雖然在成長過程中沒有大成就，卻也平安無事，帶給家中許多的快樂。孩子在溫飽的環境中長大，與其他在溫室中長大的孩子一樣聰明，有理想，但也非常不獨立。和所有小孩一樣，高中畢業以後，他也離開家庭到外地去讀大學。張祥非常不捨，一時不知如何適應。

孩子讀了大學以後，很快的就信了不同的宗教，走入跟他過去完全不同的路徑，找到新的寄託與適合自己的新目標。他告訴父母畢業以後不想回家，希望留在外州工作。張祥對這一連串的變化非常驚慌，束手無策。

沒有永遠不散的宴席，沒有永遠不變的關係

其實張祥很清楚，孩子的每一項選擇都很好，愈來愈獨立也愈來愈能幹；並且因為宗教的薰陶，愈來愈有悲天憫人的善心。

但是張祥愈來愈覺得孩子與他逐漸陌生，與他當初的理想愈行愈遠，內心隱藏著無奈與難過傷心。兒子每次從大學放假回家，他都滿心期待盼望，心想兒子回來以後，家裡可以充滿歡笑溫暖。但每次兒子一回到家，他忽然間又不曉得要和孩子說什麼？兒子也努力想溝通，但是好像父子互動就是那麼尷尬。甚至有一次，孩子特別找了爸爸想好好聊聊。可是一坐下來，沒講上幾句，爸爸就感覺怎麼好像孩子在檢討他？簡單的父子對話，立刻變成激烈辯論，然後轉為十分不愉快的翻舊帳及吵新架。

兩個特別親近的人，一對過去推心置腹的父子，逐漸演變成不知如何溝通，不知如何講話的陌生人。兩個人都承受著痛苦。原來所有快樂的泉源，現在成了所有痛恨的苦難。張祥與我聊起這個情形，我告訴他，其實他是最讓人羨慕的。他的孩

子如此好，他本人應該高興驕傲，不要整天想如何抓住孩子。他的兒子長大了，有自己的意思了，有自己特別強的主見了，這不正是他二十年來所盼望培養的嗎？

如果母鳥永遠將小鳥藏在羽翼之下，小鳥怎麼可能跳出去學會自己飛翔？如果父母永遠要替孩子通通照顧好，孩子有什麼方法跨出去自己獨立長大？孩子有孩子的福分，說不定將來成就更高，人生更快樂健康，做父母的不要太用自己的標準將孩子綁住。孩子永遠是孩子，當他需要你的時候，第一個就會找你。

張祥與我談到此處，忽然想開了。他回憶起來，過去幾年，除了剛搬出的頭幾個月，孩子幾乎沒有定期與家中聯絡。聯絡最頻繁的幾次，都是孩子在外地碰到狀況有麻煩的時候。有一次孩子搭乘朋友的車子出車禍了，還受了傷，老爸老媽星夜奔波的趕去看望。張祥想了想，沒錯，那幾個禮拜似乎天天都與孩子談話，心中感到踏實。另一次是孩子自己開車，與人擦撞。孩子不會處理保險事項，老爸只好長途電話的天天教他，搞了好久才將狀況擺平。就是在這些過程中，老爸覺得心中踏實。

平安就是福，身為父母的人，總不會希望因為孩子出事，自己有機會貢獻而感到欣慰吧。有人常開玩笑說，孩子回家是撿到，不打電話就是沒事。孩子有孩子的福分，孩子的未來，由他們自己去掌握，對孩子來說，父母之恩，是永不磨滅的啊！

超快樂的福分緣分，不斷以不同的面貌出現

過了一年，有一天張祥忽然接到兒子寫來一封很長的電子郵件，說回家以後要跟爸爸好好談談。信裡頭，列舉了數十樁兒子往事記憶，受到爸爸壓力與傷害的紀錄。

譬如：以前對他在學校的表現如何被輕視？父親如何因他的表現不滿而施壓？以前父親言辭中如何聲色俱厲，帶來他信心的動搖？換句話說，兒子在長大蛻變的過程中，發現自己的缺失與弱點，有一部分要追溯到爸爸身上。

張祥一邊看，一邊暗自流淚。不斷進步的他，對孩子列舉的每一樁事，都有完全相反的出發點與詮釋。他選擇了不辯解，只說：孩子，謝謝你的信。現在我只有一個想法，在我們的談話中，爸爸的一切不再是重點。有關你未來的長久快樂、信心、成功，才是我們要共同努力建立的新目標。

我只能告訴你，當你這幾年開始檢討爸爸的時候，爸爸可以說是完全被擊碎了。從你出生的那一天開始，爸媽就將全部的心思放在你身上，你是我們最疼愛也

最在意的親人。一路上辛辛苦苦與你一起長大，雖然我們有過爭執與異議，但是也共同度過了那麼多美好的日子，結果這麼多年以後，爸爸發現原來自己在你的眼中，是那麼的有瑕疵、有過錯。爸爸真的是心碎了！

但是沒關係。爸爸還是謝謝你。至少你作了一件非常勇敢與堅強的事情：你非常開誠布公地和我討論你的記憶，以及事件對你的影響。這一點，就代表著你真的已經長大成熟了。爸爸決定把今天當成一個新的開始。或許我無法完全解釋你我之間過去的誤會，但是我也不準備經由辯論來分出勝負對錯。對爸爸來說，只有你的快樂健康，才有爸媽真正的快樂健康。所以我希望我們能夠將關注轉移到我們的家，怎樣讓這個家再度成為你的堅實基礎？再度成為你進可攻、退可守的堡壘？

爸媽對你的愛是無條件的。如果我們的討論得不出任何讓你寬心的結論，請至少記得，爸媽對你的愛是絕對的，無條件的。

現在爸媽什麼都不用，也都不需要。我們很清楚，隨著你日漸長大，爸媽的價值相對的在迅速消滅，我們無法企求情感能夠再像小時候那樣親密，讓爸爸背你在背上騎馬或搭在肩上當飛機。爸媽年輕是也是離鄉背井到國外求學，等於從家裡連根拔起，到異地重新打拚。我相信當年我們的父母一樣有過這個過程。這個變化，爸媽已經欣然接受，也準備去適應。但是縱使如此，我們還是要你知道，我們要做你的後盾、你的資源。我希望你知道，這個家，與你沒有距離，也不應該有距離。希望你可以善用它，永遠讓這個家成為你快樂的來源、前進的能量。

孩子沒有回信。過了幾天，孩子卻回家了，他和爸爸深談一夜，談完睡覺前，父子兩人深深擁抱許久。

沒錯，人難免有對錯。與其花時間去爭吵對錯的責任，還不如就從當天起，認知真愛的存在。有了真愛，日常生活的互相調適就成了非常自然的事情，互相的誠懇尊重也自然的融入了生活之中。真愛，也是超快樂的一種源頭。

那次談話後，父子兩個人都快樂許多，內心中不必要的陰影都煙消雲散了。他們兩位在成長的過程中都有所損失。最後他們瞭解，原來那正是「生命正確」的過程。大家都在變化，濃的有時候好像變淡，淡的有時候還可以變濃，但唯有真誠的心存在，彼此的快樂才不會失去。

任何的成功，都彌補不了家庭的失敗

朋友們，家，應該是「超快樂」的主要基地。但是太多人卻天天在外面拚命尋找快樂。殊不知，家是快樂的資源與快樂的理由，如果連家都帶來問題，家人都使你痛苦難過，生命將會更辛苦。

現在就放下這本書，立刻打個電話給你的家人問聲好，或者主動回到他們身邊，誠懇地擁抱他們一下吧！如果與家人有很深的嫌隙存在，我也建議，讓真心真意慢慢去化解，時間會淡化一切傷口，真情會治療破碎的心。

超快樂，就在家庭基礎上，從你身邊找起吧！

- 真愛難尋，真心難覓，真情難捨。愛是一切的答案。
- 家是世界上最溫暖的地方。
- 父母猶如參天大樹，庇蔭小樹長大，打雷刮風，大樹來扛。
- 閃亮的星星，如果背叛天空，只有的隕落的命運。
- 孩子是獨立的個體，當然有獨立批判的權利。
- 父母猶如落葉，最終會按自然的規律墜落。
- 把一切好的資源讓給小孩。

6-2

歲月與變化：每個人的超快樂不一樣

王力學：幾張相片的故事

有位朋友王力學，許多年前畢業服役完成後，王力學就搬到美國矽谷，此後一住就是三十幾年。幾年前的夏天，他從火化場送走父親。王力學與住在台北的父親，嚴格說起來，不算很親近。

王力學依稀記得，小時候他父親很喜歡週末騎腳踏車，載他去西門町看電影，也常常帶全家去陽明山玩。以前的公共汽車很擠，有一次，孩子們擠上車了，父親卻沒擠上，父親就抓著公車窗子不放，一路掛在窗邊，聲嘶力竭地大叫他的孩子留在車上，不要慌亂。直到司機終於發現，父親才上車。這些往事，在父親過世後不時地冒出來，但是基本上，王力學對父親的回憶，只留下嚴厲、日本式的體罰、父親還常常用手敲孩子的頭，進行一種叫做「五斤錘」的處罰。

後來父親心臟不好，六十出頭就退休了。王力學因為無法從家中得到援助，使得他無法在事業伸展。有一次，父母終於出資幫王力學創業，但是這次創業徹底失敗，血本無歸。父親為了這件事，大大地訓斥了王力學好久。王力學受不了，厲聲回應。父親晚年，父子幾乎沒有什麼直接互動。

父親在病床上糾纏多年之後，十分痛苦的走了。王力學沒有什麼太大的感覺，畢竟他已經獨立生活了數十年，父子之間早已沒有依賴性或共同體的感受。所以他從火化場送走父親後，回到家即恢復一切正常的作業。

然而就在父親走了大約半年。有一天，王力學幫母親整理老家的照片，看到父親年輕時的數張相片。他發現，日據時代的父親，是那麼的英挺，瀟灑。相片中的父親，雙眼有神，充滿對未來的期望與幻想，好似對自己信心滿滿，有海闊天空的雄心。他恍然回神：那不就是現在的他嗎？父親不也曾經是一個充滿理想與抱負的人嗎？為什麼他只殘留了父親病老的印象？為什麼只記得父親變成家人負擔後的窘狀？

所有美好的記憶都一剎那湧上了心頭。王力學第一次為了父親過世而哭了。這時候，他才瞭解到什麼叫做「絕對」。他發現，父親過世以後，就真的過世了，絕對離開了。他再想向父親說句話、敬個禮、道聲好，都完全全做不到了，絕對做不到了。天人永別，想輕輕的拍拍父親的手，也只能用想的了。

同時，他看到母親年輕時的相片，穿著日式和服，美極了。長久以來，他老覺得媽媽可憐，八十餘歲的老人，佝僂的身軀，不方便的動作，連吃飯都需要人家幫忙。現在看來，他母親是個需要人家照顧的老婦人；可是，相片裡的她約莫十七、八歲，是在人生開端，一切都才剛要開始的樣子。王力學忽然瞭解，許多他的看法，原來只是他的看法。過去將近二十年，他認為臥病的父親拖累了母親，那個看法，會不會和他現在觀察母親，覺得母親很可憐一樣錯誤呢？

果然他是錯的。母親告訴他，父親退休以後到過世以前的二十餘年，是她最快樂的日子。因為父親不再受到事務的壓力，夫妻倆相依為命，過了非常親近輕鬆的日子。母親說，單純生活，才是她要的，也是父親要的。如果他們之中任何一人有大發展，恐怕他們就沒有那種朝夕相處、互相依賴的感情。母親進一步說，到了那個程度，已經不叫做感情了，而是叫做「二人一體」。拿任何華麗絢爛的生活來換，他們都不要。

王力學恍然大悟，原來弄錯的是他。原來，不快樂的是王力學。對父母親過度期望導致失望的，也是王力學。將父母親的單純生活解釋成一種失敗或無聊，更是王力學自己想不開。數十年來，王力學憂心忡忡、汲汲營營，習慣將他人的簡單生活，詮釋為沒有作為；將他人的平靜安詳，解釋為缺乏發展。反過來了，最不快樂的人，其實是他！

每個人都有屬於他們自己的「超快樂」

朋友們，我們都同意孩子們是容易快樂的。滿臉紅冬冬的小孩，有著白裡透紅、微笑的臉龐，生活得無憂無慮，任何人看了都覺得好快樂。可是當我們看到家中的老人家，就假設他們很無聊，生活很苦悶。錯啦！這只是自己的假設。

每個人在這一生當中，隨著年紀不同，個人的心靈境界也有所不同。在老先生、老太太的境界裡，說不定他們正天天在享受平安清靜之福，他們也有過年輕，也追求過夢想，有過很多人生經歷。誰說超快樂是叱吒風雲人物的專享？誰說看起來年邁的人就沒有生機？每個人都有他們自己的故事。每個人的故事都有他們自己的轟轟烈烈、蕩氣迴腸。換句話說，每個人都有他們自己超快樂的天地。

・人有相同的生活模式，卻沒有相同的生活準則。

・不要輕易的去批判別人、定義別人。

・誰都逃不過衰老的命運，叱吒一時的強者也是，如大樹般屹立不搖的父母也是。

・不完美的父母，提供的愛卻是完整的。

・金窩、銀窩、豬窩、狗窩，還是自己的窩最棒最好！

・父母親的愛，如大海，供孩子取之不盡用之不竭。

6-3

缺乏與傷痛：殘缺不能阻擋超快樂

吳廣義的故事

旅行中遇見老友吳廣義，他是資訊界的前輩，是現在創投界的成功領導，是成功火紅的「旭陽創投公司」台灣合夥人；同時，他也是我最敬佩的傑出快樂人士之一。

我與吳廣義認識多年，沒有直接共事過或親近相處，之所以衷心欽佩，是從看他打高爾夫球開始的。吳廣義打起高爾夫球來全場虎虎生風，與他做事一絲不苟、幹勁十足互相呼應。讀者們可能心想：會打球的人多得是，為什麼特別注意吳兄？

原來吳兄很不幸的只剩一條腿。他的一切行動、工作，以及運動，都必需憑藉雙臂撐著拐杖，努力運用僅存的一條腿才做得到。

一般人在如此情況下，很容易的就會自怨自艾或是怨天尤人。我認識吳兄多年，看到的，只有積極正面，樂觀進取。他的運動及工作效率，遠高於其他人。球友們想想，咱們有兩條腿一切健康，打起高爾夫球來已經東倒西歪；如果叫你只用一條腿站立，還要以全身平衡握桿擊球，那是何等困難的事情？而吳兄必需在雙臂之下撐著拐杖，單手握桿擊球，他的困難度是我們的千百倍！包括我這樣的蹩腳球員在內，一上了球場，表現不好就拿出一堆理由：從天氣不好、球具不佳，到球場太爛，甚至球友不良……都可以怪罪。似乎自己的不順，都是外界的錯？

看看吳兄，他的困難超過我們多少？但是不管怎樣，踏上了球場，他就全心全意痛快享受這場球賽，歡喜快樂的活在當下，百分之百專注於他能做的事。吳兄可以完全融入，可以全程與他人用同樣標準，同樣心態，同樣過程來進行球賽。反應到他平日的工作與待人接物，完全的熱情、開朗，如此對自己尊重，讓自己完全發揮的態度，我們一般人應該感到汗顏！

這次旅行中遇見吳廣義，我說：「好久不見，你怎麼好像頭髮變蒼白多了？」他告訴我，最親密的、幫助他最多的太太走了。那一刻，我可以感覺到他的痛苦與難過！

張仕柏的故事

我住在美國矽谷三十年，認識各路英雄好漢與傑出領袖，那真是來來去去、五花八門什麼樣的人物都有。其中有一家人，非常特別，讓我一直印象深刻，歷久不滅。

張東平與我在九〇年初認識，他的家世顯赫，作風低調，算是在美國相當韜光養晦、低姿過日的成功華人。他早先與我住在加州同一個城市庫比帝諾（Cupertino）同一個區。這個區域的各級學校是全加州之冠，也是競爭最激烈的高中。他的兒子張仕柏是這個學校的第一名，讀者可以想像這個孩子有多麼優秀。不但如此，他擔任學校學生會的領導，長得高大英俊，還是學校游泳校隊的主將。

多年前的一天，張仕柏照例從事游泳練習及跳水。他是游泳及跳水專家，這一天不曉得為什麼，游泳池水位不足，張仕柏跳水時直接從高處頭部著地，當場受到重傷。消息傳來，如晴天霹靂，大家焦慮得不得了。經過醫生急救，張仕柏撿回來一條命，但確定全身癱瘓。從此優秀的張仕柏困居輪椅，無法自己行動，連大小便都需要依靠人家。原本前途光明，充滿希望的他，痛不欲生，覺得人生沒有再活下去的意義。我親眼看過他的痛苦，曾招待他們全家到我家吃飯，年輕的張仕柏，連握根湯匙都困難的發抖，外人看了都不忍，他自己與家人天天得面對如此事實，真是情何以堪？

這時候他的父親張東平對他說了一番話，這番話後來張東平再次轉述給我聽，我記得清清楚楚，而且我知道這番話可以獻給全世界所有的人。父親張東平說：「沒錯，受傷癱瘓以後，許多一般人能做的事情，你再也不能做了。可是，你可以這樣想。我們一生中能做的事情大概有一萬項。今天你不能動了，也許有十分之一的事情你永遠沒辦法再做，但是還有九千種事情你可以做，可以發揮。我們是不是可以從今天開始，全心全意專注在我們還可以做的九千樣事情上？看我們還能做什麼貢獻？」

從此張仕柏以殘缺的身體，致力發揮他的數理天才，高分錄取進入史丹佛大學，一路努力修到博士學位。在這個漫長的過程中，張仕柏的弟弟妹妹輪流天天接送這位殘廢的哥哥，從吃飯到上廁所，從上下車到日常細瑣，家人任勞任怨，無怨無悔的陪伴他。張仕柏如今成為一位傑出的學者，媲美另一位大名鼎鼎，同樣癱瘓後研究天文科學的史蒂夫．霍金博士（Stephen Hawking）。

大部分的人浪費好多時間在埋怨，常常說：如果我有這、我有那，我就會怎樣怎樣。結果許多人終其一生天天等待更好的條件出現，卻不知道，只要把握自己現有的，不管多少，總能有所發揮，有所建樹。

超快樂的命運，可以靠自己！

朋友們，天底下有太多不如意的事情了，這些不如意，不一定是壞事。有很多人不清楚他們自己為什麼不快樂，為什麼動不動就陷入低潮，看了上述兩個例子，大家是否有所體悟呢？

每一種不快樂的原因，都有其破解或沖淡之法。可是無論如何自修變化，主軸都還是要從「自身的態度」的開始改變。

最值得大家自修把握的快樂，其實還是「發自內心」——自給自足的自得其樂。任何條件的缺乏，任何資源的不全，都無法阻擋你在有限的空間裡去追求無限的超快樂。

・人如逆水行舟，不進則退。要奮鬥前行，還是安於現狀，要一個起點，還是要一個終點。

・不要迷戀過去，停留在過往。活在當下，才是真實。

・安逸的生活，不一定帶來安逸的人生；重要的是，知道如何面對順逆境。

・活著，就得去面對現實。

・愛是付出，無怨無悔的付出。

・人生如十字路口，我們永遠不知道下一刻會發生什麼。

6-4

複雜與簡單：人生最終的選擇

李中德的故事

好友李中德在加州矽谷企業界不算鼎鼎大名，但也算是有頭有臉的人物。他在事業上的起步以及後來走過的路程，與任何行業的朋友都差不多，不外乎：求學、上班，有時碰壁、有時得意，中間時想當老闆也嘗試創業，如此一路走來，雖說沒有大成功，但也累積了數十年的貢獻。

二十幾歲開始進入社會打拚，不停工作了幾十年。忽然間，有一天在餐廳聽到隔鄰年輕職員的對話，對話中，他的名字與其他同仁的名字，被隱隱約約的提到了：

「你看人家互聯網的新創公司，都是二、三十歲的年輕人在領導，咱們公司卻還是如此老氣沉沉，都是些老掉牙的老鳥在操盤，這實在跟不上時代……」

「像某某某，雖然很有經驗，但都是老舊的觀念與想法。明明他對現在的互聯網時代沒有充分認識，居然還負責帶領……」

在餐廳聽到自己的名字被嵌入這樣的一番話，李中德起初還有些麻木，沒什麼反應。回到辦公室後，隔了幾個鐘頭，忽然間，他感受到自己的震驚。李中德清清楚楚地記得，他剛出道的時候，也講過同樣的話，完全一樣的批評。現在輪到他被人認定為老賊。想到這，他冒出了一身冷汗。

李中德這一生說起來，可能和許多讀者朋友相似。從小聰穎可愛，受人喜歡。年輕時，被所有同學朋友以及師長前輩認為，將來他一定是最早成功而又成就最大的一位。李中德本人也如此覺得，所以踏入社會之後，他雄心萬丈。一路上，覺得自己做什麼都比別人投入，比別人認真，對任何事情都充滿熱心，自己的自信心也遠比他人要強得多。可是，數十年下來，成就並非如他期望般地精彩順利。李中德總是百思不解，為什麼生活與工作中，會一再地遭受到類似的不公平，不斷摧毀腐蝕他自小建立的信心與熱情。

李中德前後換過五份工作，六度創業。每一次他都覺得自己已經盡心盡力了，但卻因為遭到外在因素破壞，一路走來坎坷崎嶇。記憶中，他的事業總是快樂的開始，然後迅速的變成不痛快不滿意。似乎每一次，他都遭人欺負或欺騙，接受辦公室政治的委屈，有時候是他自己覺得舞臺太小沒得發揮，也有些時候是他太過鋒芒畢露，以致遭嫉。數十年來，他在起伏之中勉強賺了一些錢，有點小康基礎。但是每次看到以前落後於他的人，現在超越他而向前；或是看到以前被他瞧不起的人，一個個攀升到比他高的巔峰，他就會難過。

表面上忙忙碌碌的李中德，其實長期以來非常的鬱悶不樂。對他來說，他覺得上天對他不公平，許多擅長權謀，或是專門拍馬的人，好像都混得比他好。每次他吃了虧之後，都非常努力的調整自己，希望能夠更加受人尊敬與重視。一次又一次，幾十年下來，李中德覺得自己已經完全失去了當年的熱情，忘記了以前的真我。

聽到年輕人在背後批評他的隔周，李中德硬是被老闆的親信與辦公室裡的權謀大王給活生生的搞了下來。當他知道自己出局的時候，只有一種感覺，就是太陽底下無新事，齷齪雜碎的人到處都有。

李中德一輩子與這樣的人周旋，要不就得罪這個人，要不就踩到那個人的腳，戰戰兢兢，動輒得咎，真是好累好累！這種長年在辦公室政治委曲求全的日子，李中德已經很厭倦了。有一天，他讀到蘋果電腦創辦人史蒂夫．賈伯斯（Steve Jobs）的一篇演講，才他恍然大悟。這段廣為流傳的演講，是講給畢業典禮的大學生聽的，但是李中德恍如收到當頭棒喝，從懵懂的浮生一夢中驚醒過來。

蘋果電腦創辦人史蒂夫．賈伯斯的演講很長，處處感人，而且充滿激力人心的話語。其中的兩句話更是強烈的震撼了李中德：

你的生命有限，所以不要再為別人而活了。
不要讓他人意見的雜音淹沒了你自己的內在聲音。

李中德大為感嘆，以前的他，長久以來無意識地生活在「我比別人好，比別人聰明，一定會鶴立雞群！」的重擔之下，從來沒有一天自在過！離開最後一份企業工作的那天起，李中德決定用簡單的「真我」去取代過去複雜的「他我」。他決定徹底拋棄老舊的那一套，給自己一個嶄新的生活。

只要是自己想要的，內心就會不斷呼喊

朋友們，覺悟後的李中德，有了什麼轉變嗎？

他回到故鄉的學校教書，開始到處走走看看，並且將大部分的時間陪伴家人與參加義工服務，生活變得自在而快樂。

李中德告訴我，花費了三、四十年與企業裡的奸商小人周旋，無聊的爭來鬥去，除了壞的影響、不好的生活品質，似乎沒有得到什麼。

看盡了榮華富貴的來來去去，看清楚了，就沒有任何眷戀了。李中德決定換心、換燃料，用不同的方法走另外一段路，在未來的日子裡，給自己超快樂的生活空間。

・人生沒有絕路，轉角後不一定是坦途，卻是另一番風景。
・話語、印象、期許，都是金箍咒的一種，會將人框住，要有警醒之心，時時明察，刻刻澄明，就會知道該怎麼做。
・人生之舵自己掌握，何時起步都不會太晚。
・人是最能適應環境的動物。
・離開，人生可以重新開始想像。
・喚醒自己，就能喚醒力量，就能喚醒被遺忘的美好。

Lesson 7「超快樂」就是珍惜與慶賀每一分鐘

「超快樂」就是選擇心態的改變、選擇先看到自己的長處、
選擇先對自己好一點、選擇不必要的恐懼、
選擇不要過度分析自己、選擇投資自己，
再自然而然的擴大到家庭、朋友，以及社會。

7-1

把握人生裡的每個重要時刻

記得前一章，提到蘋果電腦創辦人史蒂夫・賈伯斯的一篇演講。他說：生命有限，不要再為別人而活了。另外一個詮釋可以是：生命有限，不要再浪費時間了，開始為真我而活吧！

一個人如果連自己是誰都無法掌握，到最後只會浪費自己

一個人如果連自己是誰都無法掌握，到最後只會浪費自己，甭談能造福人群！

我們看到太多人，終其一生費盡心力取悅他人，卻不曉得回到永遠對他堅信的家，多陪陪自己的家人親人？太多人迷信媒體對他們歌功頌德的報導，以及環繞在他周圍的諂媚效忠者，卻不知道他所站立的土地，說不定已經分崩離析？太多的人，明明心中知道需要換換心、換換燃料，才能夠尋得真正的幸福快樂。但卻還是自我束縛，停在別人給他的框框裡，用別人的標準自我鞭策。

明明你有自己的形狀，卻選擇生活在別人的框架裡，這樣怎麼可能超快樂？先從自己投資起，珍惜自己吧！

不斷減少的第一次，不斷增加的最後一次

小孩兒出生了：第一次喝奶、第一次叫爸媽、第一次學走路、第一次上學、第一次考試、第一次摔倒、第一次打架、第一次生病、第一次得獎、第一次勝利。長大以後：第一次結交異性朋友、第一次賺錢、第一次吃虧、第一次上班、第一次創業……無論好壞，似乎人生永遠充滿這麼多興奮新奇的第一次。

這麼多第一次，人生多麼地燦爛，多麼地充滿希望與未來。有一天，你忽然發現，第一次不知不覺減少了。相對增加的，是愈來愈多的最後一次。

除去尿片的那一天，你再也不會穿戴嬰兒尿片了。學校畢業的當天，你瞭解：這是最後一次上學了。離開家，出外獨立奮鬥，你清楚：這是最後一次仰賴父母過活了。結婚前，你體會：這是獨善其身的最後一天了。孩子出生前，你發現：明天開始，要照顧更多人了。退休的朋友最明白了：上班的最後一天，不再是想像或盼望，而是真正的最後一天了。父母或家人已經離開的朋友，你們更能知悉：上一次見到親人的那一面，就絕對是最後一面了。以後再怎麼想見面，都只能看相片或錄影了。最後一次看見老師，最後一次看見老友，最後一次看見父母親，最後一次……。

原來，人生就是這樣。原來，人生就是興奮的接觸每一個第一次，從中學習成長，然後逐漸瞭解，自己不斷的蛻變，第一次愈來愈少，最後一次愈來愈多。

人生是一場體驗，最終什麼都抓不住！

超快樂不需要條件，不必去抓牢任何東西。超快樂不需要理由，不必費盡心思去占有。你真正需要的，是痛痛快快的珍惜與歡度「第一次」與「最後一次」這中間過程的每一分、每一秒！

從浩瀚的宇宙來看，第一次與最後一次的中間，只不過是一粒塵埃般渺小短促。在如此短促的人生裡，我們對太多牽引後果的事都無法真正捉摸掌控。我們只有在過程中珍惜與歡度這一切！佛家說的「活在當下」實在是至理名言，也就是珍惜與歡度每一分，每一秒。

從今天起，請珍惜你的存在，相信你的好，展現你的真我原形。

從今天起，請珍惜存在的每一分鐘，每一件事，每一位你碰到的朋友。

每一件事，每一個人，因為與你有緣，才會碰到，要珍惜這個福分及緣分！

因為，我們都是互有關聯的。

米奇・艾爾邦（Mitch Albom）曾寫了好幾本暢銷書，本本發人深省，動人心弦。其中我最喜歡的是《在天堂遇見的五個人》（*The Five People You Meet In Heaven*）。故事主角過世後上了天堂，上天安排他遇見五位與他息息相關的人，他起初大多不認識，或認不出來。後來他才知道，原來每個人都影響了他，或被他影響。上天是對的，我們每天生活，有意無意之間，都有可能影響了其他人的生命，也許我們到終老都還不曉得。

珍惜自己，珍惜每一分鐘，珍惜每一份福分與緣分吧。這樣的新心態，會將你帶到超快樂的境界。

- 人與人的認識，常常有許多無法探究的因素，你的朋友也許是你的老師，你的親密伴侶也許是你的救命恩人，不管好與壞，能惜緣，就是福，心存好念，即便惡緣，也能轉換。
- 要惜福，更要造福，福報才能源源不絕。
- 智者說，一個人一生的知交好友，不會超過二十人，你可以開始算算？
- 諸行無常，諸法無我，這世界由虛而實，由實而虛，短暫就是本質。
- 快樂很簡單，是我們的心讓它如此困難。
- 事情有時並非如眼睛所見，背後總有不為人知的真相，要明察秋毫。

7-2

珍惜你身邊的一切

許多讀者朋友知道我從小搞音樂、搞搖滾樂。到今天，不管工作如何忙碌，我還是經常抽出時間參與樂團演出。

數十年來，一直有幾首歌讓我感動、繞梁不已。沒事聽聽這些歌曲，就知道為什麼音樂是人類的共同語言。看看這些歌詞，不論膚色、宗教、語言，這些歌詞總能打破隔閡，深入人的內心。

〈籃中之貓〉

第一首歌〈籃中之貓〉（*Cats In The Cradle*）是民謠歌手哈利．查賓（Harry

Chapin）在三、四十年前，自彈自唱的創作歌曲。

年輕時候聽，當時就有很深的感觸，沒想到現在再聽，感觸雖不同，體會卻更深刻。

尤其自己成家後，隨著孩子的成長，人生歷練的廣闊，這首歌帶給我許多感觸。那種連人生最基本、最簡單的快樂都無法把握的悵然，那種一旦失去、便再也不可復得的無奈與滄桑，在歌詞中一一道盡……

〈籃中之貓〉

我的兒子幾天前出生了，順利地來到這個世界；
我必需趕飛機及賺錢，所以他在我出差的時候學會走路了。
他學會說話的時候，我還不知道，
兒子一邊長大一邊說：爸爸，長大後，我要和您一樣，我要和您一樣。
兒子前幾天十歲了。他說：爸爸，謝謝您送的球，我們來一起玩吧？
他問：您可不可以教我怎麼丟球？

我說今天不行。爸爸有好多工作。他說：沒關係。
他離開時笑著說：
爸爸，長大後，我要和您一樣，我要和您一樣。
前幾天兒子從大學回來了，我必須說，他真的像個大人了。
我說：兒子，我為你感到驕傲，可不可以坐下來聊聊？
兒子握了我的手說：爸爸，我真正需要的是車子的鑰匙，
請你將鑰匙給我好嗎？晚一點再見！
後來我退休了，兒子也搬走了。有天我打電話給他，
我說：你不介意的話，我想見見你？
兒子說：我也很希望，但是我找不出時間，
爸，你知道嗎？我的新工作很緊張，我的孩子感冒了，
但是能跟你電話上聊真好，能跟你電話上聊真好。
電話掛上的那一刻，我忽然瞭解，
兒子長大以後，他真的和我一樣了。他真的和我一樣了。
籃中之貓與銀色湯匙，

憂鬱的小孩與遙遠月色之人，
你什麼時候會回來，爸爸（兒子）？
我不知道，但是我們很快就會再聚，
你知道，我們一定會歡樂相聚的。

〈再與我父共舞〉

和〈籃中之貓〉這首曲子一樣，〈再與我父共舞〉（*Dance with my father again*）也表達了對親情的思念與失去後的悵然：

我還小的時候，生活尚未拿走所有的純真稚氣，
父親會將我舉高，然後和母親及我一起跳舞。
他會抱我轉我直到我睡著為止，然後背我上樓，
我確知，我是被愛的。
當我和母親意見相違生氣時，我會跑到父親身邊，
他會逗我笑，逗我開心，當然最終讓我順從母親的意思。
當晚我睡覺的時候，他會留一塊錢在我枕邊，

我從來沒有想到，有天他會離我而去。
有時候我在母親房外偷聽，聽她暗自哭泣，
我努力的為她禱告；
我知道我的要求太多了；
但是，上天，您可不可以將我母親唯一所愛的人送回來？
我知道您不常這麼作。但是，天哪，我多麼想再與我父親共舞！
每個晚上我睡覺後，
這就是我全部的夢想。

如果再給我一次機會，
再一次共同走路，再一次共同跳舞，
我就會播放一首永不停歇的舞曲，
啊！我多麼、多麼、多麼想再與我父親共舞！

以上兩首歌，希望讀者朋友們有機會聽聽原曲原唱，這兩首曲子，總是讓人淚眼迷濛。

時間不是一只鐘，時間是一種心境！

朋友們，快樂每個人都有，只是大多時候，我們看不到自己身邊的快樂。我們會不會像歌詞裡的父親，漠視了兒子的成長與需求，再回頭，親情已無法再現？我們是不是對身邊的人視若無睹，等到失去以後才來思念？

生命一旦逝去，就永難追回。朋友們，我們怎麼可以不珍惜每一分鐘？不珍惜與你有緣的每一個人？

珍惜、歡度每一分鐘！超快樂就融入你生活中，溶入你的內心了。

·信心、希望、自信，就是年輕。恐懼、絕望、懷疑，就是衰老。二十歲的年輕人有可能衰老，七十歲的老頭子有可能年輕。
·歲月可以使皮膚產生皺紋，卻澆不息熱情的靈魂。
·樹欲靜而風不止，子欲養而親不待，愛要大聲說出來。
·只有快樂沒有痛苦，這不是人生。
·大文豪史帝文生說：快樂是一種責任。
·如果你不快樂，就假裝快樂吧！

7-3

追尋最原汁原味的人生

寫這本書的過程中，我自己的生活與工作也經歷了一些變化。以前日子忙碌，一年內國際旅行超過十餘趟，甚至好幾次還抱病旅行，把身體都搞壞了。過去沒有太多時間享受家居生活，最近改變工作內容之後，強迫自己從忙碌中脫離，充分享受平靜生活的快樂。

單純的改變

以我自己作例子，一旦決定要做根本上的改變，我便會立刻開始嘗試，我的新生活目標就是：「行程減少，運動增加」、「事務減少，參與增加」、「忙碌減少，樂趣增加」、「工作不必多，賺錢不減少」這幾個大原則，以此期望達到單純而輕鬆的生活。

實現新生活的過程中難免會有些犧牲，尤其是外在的光環與榮耀很容易會被犧牲掉。我很快就發現，當你有足夠的核心價值時，或者擁有適當的自我認知時，根本不需要靠外在光環或其他東西來支撐舞臺。

生活改變以後，我的第一優先選擇，就是多陪陪家人。加州矽谷的家裡，剛換了一部新的DVD放映機，太太借來一部由張艾嘉主演，叫做《海南雞飯》的好電影。

這部電影雖然以新加坡為背景，它的故事卻是舉世皆然。張艾嘉飾演一位開餐廳，以招牌菜「海南雞飯」聞名，含辛茹苦將三個兒子養大的單親媽媽。他的三個兒子，兩個證實是同性戀，張艾嘉於是將希望完全放在第三個兒子身上，想盡辦法不要小兒子也變成同性戀。她還特別安排了一位到新加坡求學的年輕法國女子來家中住，藉機吸引小兒子不要變成同性戀。

故事就在母親與兒子之間的隔閡與矛盾中展開。張艾嘉主演的婦人，對自己的一生持有否定的態度，將孩子的變化及選擇，認定是她的人生失敗，反而「海南雞飯」成了證明她存在的價值。

婦人的小兒子究竟是不是同性戀，電影並沒有清楚說出，那似乎已不是重點了，電影想強調的是：

每個人都有自己的生活方式，都有自己的路要走。電影還呈現了一個重點：生命第一。

到新加坡求學的神祕法國女孩，告訴小兒子說：「生命第一，其他都是其次。」這句話在電影中幾個關鍵地方，重複了好幾次。「你的生命第一，其他都是其次，永遠不要為了任何人改變你自己的生活！」

可能是受到電影的影響，很有意思的，不管我到上海還是台北、香港還是北京，只要我沒有飯局時，總會請飯店送「海南雞飯」到我房間。我們經常為了迎合周邊眼光而活，就好像許多昂貴的山珍海味，裝飾得漂漂亮亮，製作的五光十色，但你吃到的，卻都是調味料，完全忘記了原味是什麼，真正自己想要的生活是什麼。

「海南雞飯」簡單清新，清爽可口，人的一生，應該如同「海南雞飯」原汁原味。

單純、善良、本心，從小孩身上可以發現

朋友們，你的原味是什麼？你記得嗎？你本性是怎樣的？你記得嗎？您的幼小的心靈是如何的？你記得嗎？去掉所有的裝飾後，你還擁有原始的本心嗎？

超快樂能維持「原汁原味」的自己，帶給自己純粹的心靈。不受汙染的真我，就是超快樂的本尊。

看多了酒會上的杯觥交錯，虛與委蛇的無聊談話，不妨換換口味吧，回到路邊攤，找老朋友一起吃小吃，喝酒聊天。看多了辦公室內的諂媚邀功，爭權奪利的嘴臉，不妨休息一下吧，回去看看以前視若無睹的家人與孩子。善良之美，在小孩身上最容易發現。看多了表面客氣，骨子裡爭名奪利的社會，你可以決定從小處做起，扮演一個散發溫暖與傳播熱量的快樂慈善家。

朋友們，讀完這本書之後，希望你能夠儘快回到原汁原味的真我，早日享受簡單快樂的人生，做一個「超快樂的生活大師」。

· 你是否比昨天的你更接近目標？

· 生活的樂趣，來自快樂的情緒，有樂趣的人，全身都會散發快樂氣息。

· 想像自己六歲時的樣子，就可以發掘真我的面貌。

· 原汁原味，不增添虛假佐料，就是一道人生好菜。

· 不快樂的人需要自救，自救的方法，就是愛自己。

· 真我的人，總是能凝聚真感情，快樂因此常聚首。

7-4

你沒有時間不快樂

寫完前面的章節之後，我花了幾天思考，該如何寫本書的結尾？想了很久，心中有非常多的想法，但是第二天，我在完全沒有預料的情況下，碰見了一些很特別的人，於是我把原先的想法通通拋掉，而改用以下這兩個簡單故事，來作本書的總結。

用快樂贏得快樂

幾個月前，我就應該把車子送入車行保養。但是為了要及時完成這本書，我一拖再拖，好不容易在寫完的隔天，將車子送到矽谷附近的保養廠去。美國有些保養廠服務不錯。只要住的不太遠，車行會負責送你回家或是回辦公室。這天早上，我看完電視報導股票大跌，回到車行，心裡懊惱的想，口袋又要大縮水了。

車行正好輪到八十歲的老司機，法裔加拿大人伊密爾（Emil）送我回去。我腦中一直盤算，是否要斷頭脫售股票，或者趁跌勢反殺進去再多買些股票。想著想著，上車時候，並未注意這位老司機。不過，很快地我就發現，想不注意到他也很難。因為老司機個兒小小的，聲音卻極為洪亮。從他坐上駕駛位置開始，就開始大聲講話，散發無比熱力。他先問我一些例行問題：住哪裡？怎麼走？雖然只是短短幾十秒鐘的例行談話，我卻感覺他的超級快樂。他充滿笑容的做每一件事，每一句聊天，都好像是極力珍惜的機會，他總是以歡喜的開朗笑聲收尾。

他先是稱讚天氣，說他五十年前搬到加州矽谷來住之後，就一直認為這裡是人間天堂，他每天早起之後，一定會感謝有這麼好的地方。後來又說，來加州的時候還很年輕，不曉得要做什麼，就到鄉下參加核桃的採收，他覺得在農村的感覺真棒，空氣新鮮、陽光普照，雖然收入不高，但是他仍每天高高興興的在農場賣力工作。伊密爾說：「啊！那真是好日子！」他又提到自己在輪胎公司上過班，在食品工廠也待過，也去過建設公司……每一份工作都又有開心又好玩。一直到現在八十歲了，他還是每天「歡天喜地」的為車行開車。

於是我好奇了，為什麼他對每一份工作都那麼喜歡？伊密爾說：「怎麼會不喜歡？有事做，又有錢拿，還有好多朋友，每天都迫不及待的要上班。」我又問他：「你能夠如此開心的工作，一定是因為身體很好囉？」伊密爾大笑回答：「不是不是！我的毛病可多呢……我的關節炎十分嚴重，手肘手腕天天疼痛，甚至有時候手還舉不起來。每天我都得吃藥。吃了藥以後，恢復正常，當然要再來做事了。我每天會遇見這麼多好客戶，公司裡每一位同事都友好善良，比待在家好玩多了。」我問伊密爾：「太太還在嗎？有沒有常常出去旅遊？」他說：「我太太身體差一點，她有癌症。我們結婚五十五年了！一直都快樂開心。這幾年她得了癌症，我告訴她，沒關係，有我陪妳，妳什麼事都不必擔心。我還告訴她，她一定會活得比我久，可以活到一百歲以上！」

我覺得伊密爾這位老司機實在太可愛了。接著問：「你很明顯的是個很不錯的銷售人員，很容易就跟任何人打成一片，以前有沒有做過業務員？」伊密爾這下可得意了。他高興的說：「哇！你猜對了！我以前是最厲害的銷售人員，我非常熱愛銷售工作。我以前在工作崗位的時候，每天去訪問客人，或打電話給人家，跟人家聊天，每天都高高興興的做上十幾個小時，捨不得下班呢！」

伊密爾接著告訴我，他雖然在公司裡只是依排班接送客戶，但有時候客戶發生意外或有狀況，伊密爾也會毫不猶豫的主動幫忙。他說，有一次，有位老太太在停車場將鑰匙鎖在車裡了，急得不得了，打電話給伊密爾。雖然老太太那天並不是修車的客人，伊密爾還是急忙找出車子的檔案，尋得合適的鑰匙，飛奔去為她解決問題。類似的事情，發生過好多次。

讀者朋友，我當下完全被他眉飛色舞、熱情奔放的心給吸引住了！如此簡單的工作，他卻獲得那麼大的快樂！這就是貨真價實的「超快樂」！伊密爾和他太太，都是超級銷售員。他的太太在梅西百貨擔任電器用品的銷售，前後做了二十六年，每一年都是銷量冠軍！

伊密爾問我：「你知道為什麼我們夫婦兩個人都是長年的銷售冠軍？」我說我不知道。他問我：「你知道我們對每一位客戶都抱有什麼態度嗎？」我等著他回答。伊密爾眼睛亮起來的說：「除了喜愛我們的工作，喜愛我們的客戶，對所有客戶的需求，我們就是一句話：我會將你照顧好！我會把事情打點好！」

霎那間，我一切都明白了！售貨員每天散播如此信念給他的客戶，拿不到訂單才怪！一個快樂的人，每天傳播如此溫暖與熱量，這個人不贏得他人快樂、不成功才怪！

伊密爾的「超快樂」，當場感染了我！忽然間，我覺得早上股票的起落都不重要了。我怎樣調整好心情，不再影響家人心情才重要。不需任何條件，不用任何理由，這就是超快樂。

生死一瞬間

接下來，我想跟朋友信實的描述，我曾經停止呼吸大約兩分鐘，差點死掉的經歷。

幾天前，太太做了兩盤壽司。那幾天我心情特別好，除了打球進步神速外，又收到通知，得知另外一家我投資的公司準備股票上市了。早上我去拜訪該公司，瞭解實際情況，確認了不但會上市，我的回收還會是近年來最高最好的一筆。回到家中，看到好吃的壽司，高興的不得了，立刻狼吞虎嚥起來！

大概吃掉半盤的時候，我忽然發覺胸口好像憋了氣，瞬間空氣進不來。因為不舒服，很自然的，我張開嘴巴，想要用嘴巴去吸氣。這時候，聽到喉嚨好像一條摩擦的皮帶，喑喑嗚嗚發不出聲，又好像是推不動的輪胎，只有輪胎空轉的聲音，一滴空氣都進不來。我清楚的知道，鼻子完全不通氣，喉嚨努力想打開，可是卻沒有空氣進得來。糟糕了，是食物卡住了，噎住了！

我趕快跑到廚房將嘴裡的食物全部吐掉。繼續仰天，努力的用盡力量，想讓喉嚨或鼻子進點氣。結果是開始昏眩，沒有任何一滴新空氣進來。當時我完全嚇住了。說是驚嚇完全不錯，不但是驚嚇，還加上前所未有的恐懼、害怕，完全不知道該怎麼辦？當下我在廚房大叫起來！院子裡的老婆、在樓上的兒子，聽到我恐怖的慘叫，立刻跑來。

說不出話的我，自己在原地上下跳躍，希望能夠把噎在氣管與喉嚨中的食物推開，但是仍然無效。兒子和老婆猛敲我的背，比較有力氣的兒子也設法從後抱住我，按照他在童軍時期學習到的方法，全力的壓擠我的胸腔。好像是很長的時間過去了，我開始感到暈眩，只剩一點知覺。我知道，我已經沒有空氣超過一分鐘了，如果空氣再進不來，我就要糊裡糊塗的與世隔絕了。

兒子快速撥打九一一後，我忽然感到喉嚨好像鬆了些！立刻用力呼吸，有絲微的空氣跑進肺部了！我從來不知道幾滴空氣是如此的珍貴偉大！我感覺到有一點點新的空氣進入肺部了！隨後我鎮靜了些，放慢吸氣，感覺自己的呼吸量雖少，卻逐漸一口一口的吸入，回復正常呼吸運作。兒子趕快拿一杯水給我。我當時的念頭是：啊！失去空氣猶如瞬間地獄，回復呼吸猶如幸福天堂！啊！生死一瞬之間！

朋友們，我是一個經常游泳的人，算是很能憋氣的健將了。但是我可以跟大家分享：如此慌亂中的噎氣，和游泳時的憋氣（後者這種有心理準備、能掌控的憋氣）是完全不同的。再多的急救手冊與訓練都一樣，在緊急的那一刻，一切好像通通都不管用了！當時我腦中完全空白，想的只是：我要空氣！我要空氣！（九一一急救的員警在五分鐘以後才到家中敲門）。

我如此分享，能作出什麼結論？任何事情，都有可能在任何時刻會發生在任何人身上。朋友們，不必為了太多日常的爭奪而傷腦筋，能活著就是一件值得感激的事。人類常常想控制這、控制那，其實我們控制的了什麼？意外發生時，或許連一口空氣都無法控制。人生有簡單純粹的幸福，就很美好了。明天起來，看到太陽還是升起，快快感謝自己又多了一天！

超快樂遍布在你身邊，你只需要張開眼睛就可以看見它。如果你還對它視而不見，有一天，你再回頭想要尋找，還有時間嗎？別在讓時間停在不快樂的點上，而是從即刻開始整理自己，發掘你內心存在已久的超快樂。

・一個快樂的人，每天傳播如此溫暖與熱量，這個人不贏得他人快樂、不成功才怪！

・朋友們，不必為了太多日常的爭奪而傷腦筋，能活著就是一件值得感激的事。

・人生有簡單純粹的幸福，就很美好了。明天起來，看到太陽還是升起，快快感謝自己又多了一天！

・別在讓時間停在不快樂的點上，而是從即刻開始整理自己，發掘你內心存在已久的超快樂。

人生顧問 271

用快樂投資人生

作　者—林富元
編　輯—謝翠鈺
美術編輯—吳詩婷
封面設計—李涵硯
製作總監—蘇清霖
董事長—趙政岷
出版者—時報文化出版企業股份有限公司
10803 台北市和平西路三段二四〇號七樓
發行專線—（〇二）二三〇六六八四二
讀者服務專線—〇八〇〇二三一七〇五
（〇二）二三〇四七一〇三
讀者服務傳真—（〇二）二三〇四六八五八
郵撥—一九三四四七二四時報文化出版公司
信箱—台北郵政七九～九九信箱
時報悅讀網—http://www.readingtimes.com.tw
法律顧問—理律法律事務所　陳長文律師、李念祖律師
印　刷—盈昌印刷有限公司
二版一刷—二〇一七年七月二十一日
定　價—新台幣三〇〇元
（缺頁或破損的書，請寄回更換）

時報文化出版公司成立於一九七五年，
並於一九九九年股票上櫃公開發行，於二〇〇八年脫離中時集團非屬旺中，
以「尊重智慧與創意的文化事業」為信念。

國家圖書館出版品預行編目（CIP）資料

用快樂投資人生 / 林富元作 . -- 二版 . -- 臺北市 : 時報文化，2017.07

面；　公分 . -- (人生顧問 ; 271)

ISBN 978-957-13-7065-1(平裝)

1. 生活指導 2. 快樂

177.2　　106011093

ISBN 978-957-13-7065-1
Printed in Taiwan